OXFORD

French Wordpack

D1111667

OXFORD
UNIVERSITY PRESS

OXFORD
UNIVERSITY PRESS

Great Clarendon Street, Oxford OX2 6DP

Oxford University Press is a department of the University of Oxford.
It furthers the University's objective of excellence in research, scholarship,
and education by publishing worldwide in

Oxford New York

Athens Auckland Bangkok Bogotá Buenos Aires Calcutta
Cape Town Chennai Dar es Salaam Delhi Florence Hong Kong Istanbul
Karachi Kuala Lumpur Madrid Melbourne Mexico City Mumbai
Nairobi Paris São Paulo Singapore Taipei Tokyo Toronto Warsaw

with associated companies in Berlin Ibadan

Oxford is a registered trade mark of Oxford University Press
in the UK and in certain other countries

Published in the United States
by Oxford University Press Inc., New York

© Oxford University Press 2000

The moral rights of the author have been asserted

Database right Oxford University Press (maker)

First published 2000

All rights reserved. No part of this publication may be reproduced,
stored in a retrieval system, or transmitted, in any form or by any means,
without the prior permission in writing of Oxford University Press,
or as expressly permitted by law, or under terms agreed with the appropriate
reprographics rights organization. Enquiries concerning reproduction
outside the scope of the above should be sent to the Rights Department,
Oxford University Press, at the address above

You must not circulate this book in any other binding or cover
and you must impose this same condition on any acquirer

British Library Cataloguing in Publication Data

Data available

Library of Congress Cataloging in Publication Data

Data available

ISBN 0-19-860335-5

3 5 7 9 10 8 6 4 2

Typeset by The Read Setter, Osney, Oxford
Printed in Great Britain by
Mackays of Chatham plc, Kent

Contributors

Editor	Cathy Riqueur
Editorial Manager	Valerie Grundy
Consultant	Ana Cristina Llompart
Proofreading	Isabelle Stables
Data Capture	Philip Gerrish
Text Management	ELLA Associates Ltd.

From the Library of

Monica

Contents

Introduction

This book has been designed to function as a lively and accessible tool for anyone with an interest in expanding their knowledge of French. It provides the words and phrases necessary to everyday communication in a wide variety of contexts, so that not only teachers and students, but also people visiting or working in French-speaking environments, will find it an ideal reference companion. There are 65 topic sections, each of which has been created to provide a window into how French is used to talk about a particular real-life situation.

The topic areas are arranged so as to move outwards from people, relationships, and domestic surroundings, through everyday life, work and leisure, into the world at large. Each separate topic is presented on a double-page spread and has its own number and title, making for easy identification of the area of vocabulary covered. Within each topic, the information is ordered according to type of word, so as to provide a clear structure for vocabulary learning. Similarly, within word types, the words and phrases are grouped to reflect relationships in the real world, rather than as alphabetical lists.

Where appropriate, topic sections contain unique *Language in Action* features. These are examples of everyday French as used by native speakers of the language, reflecting the language area. They range from dialogues and sketches to newspaper articles, reviews, and advertisements. The aim is to draw language-learners into a variety of linguistic contexts, such as they might encounter in a French-speaking environment, and to encourage intuitive assimilation of sentence structure and idiom, as well as reinforcing vocabulary learning.

The *Language in Action* sections can be used both in a teaching situation and for self-study. Teachers will find them invaluable in several ways, not least as a basis for teaching issues beyond pure vocabulary, such as grammar, idiomatic expression, and cultural contrasts. Many of them will provide models for active production of French, including group work, role-playing, and written work. They can play an important role in developing communication skills and confidence. Self-learners will find it exciting and rewarding to use them alongside a bilingual dictionary and/or a language course to expand their knowledge of the language and culture.

How to use this book

Use the Contents section to identify the subject area and topic that you are interested in. Alongside the title of the topic, you will find the topic number. These are shown clearly, along with the title, on each left-hand page throughout the main part of the book. Each is also shown in a vertical strip on the right-hand page, for extra-easy look-up. The layout of the pages has been designed to be as clear, open, and accessible as possible. We hope that users will enjoy exploring them. After the the 65 topic areas, there is a *Quick Reference* section showing vocabulary and phrases for numbers, dates, days of the week, months, seasons, materials, colours, weights, measures, and sizes, followed by useful verbs, adjectives, adverbs, and prepositions.

Abbreviations and symbols

(M)	*masculine gender*
(F)	*feminine gender*
(US)	*American*
™	*trade mark*
*	*informal*

1 People 1: personal details

la personne	*person*
les personnes (F)	*people*
les gens (M)	*people*
l'adulte (M/F)	*adult*
l'homme (M)	*man*
le monsieur	*gentleman/man*
le mari/l'époux (M)	*husband*
la femme	*woman/wife*
l'épouse (F)	*wife*
la dame	*lady*
l'enfant (M/F)	*child*
le garçon	*boy*
la fille	*girl/daughter*
l'adolescent/-e (M/F)	*teenager*
le veuf/la veuve	*widower/widow*
le/la célibataire	*single man/woman*
le couple	*couple*
l'âge (M)	*age*
l'anniversaire (M)	*birthday*
la carte d'identité	*identity card*
le passeport	*passport*
le nom	*name*
le nom de famille	*surname*
le prénom	*first name*
l'adresse (F)	*address*
la rue	*street*
le numéro	*number*
la ville	*town/city*
le code postal	*postcode, zip code*
l'état civil (M)	*marital status*
la date (de naissance)	*date (of birth)*
l'an (M)	*year*
l'année (F)	*year*
le mois	*month*
le domicile	*place of residence*
le lieu de naissance	*place of birth*
le pays d'origine	*country of birth*
la nationalité	*nationality*
le sexe	*sex*
le numéro de téléphone/fax	*telephone/fax number*
l'adresse électronique (F)	*e-mail address*
la signature	*signature*

| l'autorité (F) | authority |
| le/la titulaire | holder (person) |

célibataire	single
marié	married
fiancé	engaged
divorcé	divorced
séparé	separated
adoptif/-ive	adopted
valable	valid

être	to be
avoir	to have
habiter	to live
mourir	to die
naître	to be born
s'appeler	to be called
épouser quelqu'un	to marry someone
se marier (avec)	to get married (to)
venir (de)	to come (from)
vivre	to live

je m'appelle Christine	my name is Christine
j'ai vingt-trois ans	I'm twenty-three
j'habite Dijon	I live in Dijon
je viens de Paris	I come from Paris
né(e) le	born on (date of birth)

Language in action

CARTE NATIONALE D'IDENTITE N° : 000459503997

Front
Nationalité Française
Nom: PUISATIER
Prénom(s): ANTOINE, JACQUES
Sexe: M
Né(e) le:15 10 1960 à: MAZINGARBE (62)
Taille:1,78 m
Signature du titulaire:

Back
Adresse:17 RUE DES ACACIAS LILLE (59)
Carte valable jusqu'au:10 04 2010
Délivrée le:11 04 2000 par: PREFECTURE DU NORD (59)
Signature de l'autorité:

la famille	*family*
la mère	*mother*
la maman	*mum, mummy, mom*
le père	*father*
le papa	*dad, daddy*
la fille	*daughter/girl*
le fils	*son*
la sœur	*sister*
le frère	*brother*
la demi-sœur	*half-sister*
le demi-frère	*half-brother*
l'époux/l'épouse (M/F)	*husband/wife*
la femme	*wife/woman*
le mari	*husband*
la grand-mère	*grandmother*
la mamie	*gran, grandma*
le grand-père	*grandfather*
le papi	*grandad, grandpa*
les grands-parents (M)	*grandparents*
l'arrière-grand-mère (F)	*great-grandmother*
l'arrière-grand-père (M)	*great-grandfather*
la petite-fille	*granddaughter*
le petit-fils	*grandson*
les petits-enfants (M)	*grandchildren*
la tante	*aunt*
l'oncle (M)	*uncle*
la nièce	*niece*
le neveu	*nephew*
le cousin/la cousine	*cousin*
la belle-mère	*mother-in-law/stepmother*
le beau-père	*father-in-law/stepfather*
les beaux-parents (M)	*parents-in-law*
la belle-sœur	*sister-in-law*
le beau-frère	*brother-in-law*
la belle-fille	*daughter-in-law*
le gendre	*son-in-law*
le parain	*godfather*
la maraine	*godmother*
le filleul	*godson/godchild*
la filleule	*goddaughter*
l'ami/-e (M/F)	*friend*
le copain*/la copine*	*friend, mate*
la petite amie	*girlfriend*

le petit ami	*boyfriend*
le voisin/la voisine	*neighbour*
jeune	*young*
âgé	*elderly*
vieux/vieil/vieille	*old*
aîné	*elder/eldest*
seul	*alone*
avec	*with*
sans	*without*
à	*at/to*
aimer	*to like/love*
détester	*to hate*
embrasser	*to kiss*
préférer	*to prefer*
s'occuper de	*to look after*
regarder	*to look at*
élever	*to bring up*
s'entendre bien avec	*to get on well with*
sortir avec quelqu'un	*to go out/be going out with someone*
être enfant unique	*to be an only child*

Language in action

- Sylvie, tu veux voir des photos de ma sœur Nicole?
- Fais voir! C'est ta sœur? Qu'est-ce qu'elle fait jeune!
- Non, là c'est ma cousine Magali. Ma sœur est juste à côté d'elle, à droite de ma mère. Et là, c'est son mari, mon beau-frère, avec ses parents.
- Et ces deux là?
- Ce sont mes frères, Xavier, qui a deux ans de plus que moi et Jean, le petit dernier.
- La dame âgée, c'est votre grand-mère?
- Mais non voyons, je viens de te dire que c'est la belle-mère de ma sœur. D'ailleurs le bébé qu'elle a dans les bras est mon neveu. Ma sœur travaille, alors ce sont ses beaux-parents qui l'élèvent.
- Qu'est-ce qu'il est beau! Ils se ressemblent beaucoup avec la petite qui est assise au premier plan. Je parie qu'ils sont frère et sœur.
- Perdu! C'est sa cousine Marine, la filleule de mon beau-frère. Mais ma sœur a effectivement une petite fille de quatre ans. Elle s'appelle Caroline. Elle est un peu jalouse de son petit frère mais au fond elle l'aime bien.
- Oui, oui, c'est souvent comme ça!

la tête	*head*
le visage	*face*
le teint	*complexion*
l'œil (*pl.* les yeux) (M)	*eye*
les cils (M)	*eyelashes*
le sourcil	*eyebrow*
le front	*forehead*
le nez	*nose*
la bouche	*mouth*
la lèvre	*lip*
les dents (F)	*tooth*
l'oreille (F)	*ear*
la joue	*cheek*
le menton	*chin*
la moustache	*moustache*
la barbe	*beard*
les cheveux (M)	*hair*
le cou	*neck*
le bras	*arm*
le coude	*elbow*
la main	*hand*
le doigt	*finger*
l'ongle (M)	*nail*
la hanche	*hip*
la jambe	*leg*
le genou	*knee*
le pied	*foot*
la cheville	*ankle*
la taille	*height/waist*
les lunettes (F)	*glasses*
jeune	*young*
vieux/vieil/vieille	*old*
beau/bel/belle	*good-looking/beautiful*
joli	*pretty*
mignon/-onne	*pretty/attractive/cute*
laid/moche*	*ugly*
costaud	*well-built/sturdy/strong*
fort	*strong/well-built*
grand	*tall/big*
petit	*small*
mince	*slim*
maigre	*thin, skinny*
bronzé	*suntanned*

blond	*blond*
châtain	*brown-haired/brown* (hair)
noir	*black*
roux/rousse	*red-haired/red* (hair)
brun	*dark/dark-haired*
bouclé	*wavy*
frisé	*curly*
court	*short*
long/longue	*long*
bleu	*blue*
gris	*grey*
marron	*brown*
vert	*green*
clair	*light*
foncé	*dark*
retroussé	*turned-up* (nose)
admirer	*to admire*
connaître	*to know*
décrire	*to describe*
porter	*to wear*
ressembler à	*to look like*
il/elle est comment?	*what does he/she look like?*
elle est châtain	*she has brown hair*
moins...que	*less...than*
plus...que	*more...than*

Language in action

- Corinne! Bonjour, qu'est-ce qui nous vaut le plaisir de ta visite à l'école?
- Brigitte? Mais je ne savais pas que tu étais devenue instit!
- Je fais des remplacements. Pour l'instant je m'occupe de la classe de M. Boutin, il s'est cassé le bras.
- Pauvre M. Boutin, il me semblait bien intimidant avec ses lunettes épaisses et sa barbe.
- Il l'est toujours autant mais les élèves l'adorent. Tu viens chercher tes enfants?
- Non, les miens sont au lycée. En fait j'attends ma nièce Agathe.
- Agathe Cautrat?
- Oui, c'est la fille de ma sœur Christine.
- En effet, il y a un air de famille : des boucles châtain clair, un petit nez retroussé... En fait c'est tout le portrait de sa mère au même âge.
- Justement la voilà qui arrive en courant. Ça m'a fait plaisir de te revoir Brigitte. Bonne journée.
- À bientôt j'espère.

l'amitié (F)	friendship
l'amour (M)	love
la bonté	kindness
le charme	charm
la confiance	confidence
l'égoïsme (M)	selfishness
l'enthousiasme (M)	enthusiasm
l'espoir (M)	hope
la fierté	pride
la générosité	generosity
la gentillesse	kindness
l'imagination (F)	imagination
l'intelligence (F)	intelligence
l'intérêt (M)	interest
la jalousie	jealousy
l'envie (F)	envy
la paresse	laziness
le sens de l'humour	sense of humour
le souci	worry
l'impatience	impatience

agréable	pleasant
sympathique/sympa*	nice
aimable	nice, friendly
gentil/gentille	kind, nice
charmant	charming
formidable	great, fantastic
drôle/marrant*	funny
amusant	amusing
intéressant	interesting
intelligent	clever, intelligent
malin/maligne	clever
doué	gifted
poli	polite
honnête	honest
sérieux/-ieuse	serious
travailleur/-euse	hardworking
efficace	efficient
serviable	obliging
sage	well-behaved
actif/-ive	active
sportif/-ive	sporty
timide	shy
désagréable	unpleasant
insupportable	unbearable

impoli	*rude, impolite*
méchant	*spiteful*
malhonnête	*dishonest*
égoïste	*selfish*
bête	*stupid*
bizarre, étrange	*odd, strange*
fou/fol/folle	*mad, crazy*
têtu	*stubborn*
distrait	*absent-minded*
étourdi	*careless, scatterbrained*
fainéant	*lazy*
paresseux/-euse	*lazy*
gâté	*spoiled*
maladroit	*clumsy*
heureux/-euse	*happy/fortunate*
joyeux/-euse	*happy*
malheureux/-euse	*unhappy/unfortunate*
content	*pleased, happy*
excité	*excited*
calme	*calm*
triste	*sad*
déçu	*disappointed*
amoureux/-euse	*in love*
jaloux/-ouse	*jealous*
nerveux/-euse	*nervous*
inquiet/inquiète	*worried*
effrayé	*scared, frightened*
fâché	*angry, annoyed*
furieux/-ieuse	*furious*

déprimer	*to be/get depressed*
espérer	*to hope*
pouvoir	*to be able*
savoir	*to know*
vouloir	*to want, wish*

avoir l'air	*to look*
tu as l'air fatigué	*you look tired*
avoir mauvais caractère	*to be bad-tempered*
avoir peur (de)	*to be afraid (of)*
être de bonne/mauvaise humeur	*to be in a good/bad mood*
être en colère	*to be angry*
être impressionné (par)	*to be impressed (by)*
savoir faire	*to know how to, to be able to*
elle sait jouer du piano	*she can play the piano*
se faire du souci (pour)	*to be worried (about)*

bonjour (madame/ monsieur)	hello, good morning/ afternoon
bonsoir (madame/ monsieur)	hello, good evening
allô!	hello! (answering telephone)
salut!	hi!/see you!
bonjour à tes parents	say hello to your parents
bonne journée!	have a nice day!
bonne chance!	good luck!
bon courage!	good luck!
bon anniversaire/joyeux anniversaire!	happy birthday!
bonne année!	happy New Year!
joyeux Noël!	happy Christmas!
appeler quelqu'un	to ring/call someone
téléphoner à quelqu'un	to telephone someone
poser une question	to ask a question
avoir rendez-vous avec quelqu'un	to have arranged to meet someone
au revoir	goodbye
à tout à l'heure	see you/speak to you later
à bientôt	see you/speak to you soon
à demain	see you/speak to you tomorrow
à tout de suite	see you/speak to you in a minute
comment vas-tu/allez-vous?	how are you?
(comment) ça va?*	how are you?
ça va (bien) merci	fine, thanks
je te/vous présente...	have you met...?
enchanté(e)	pleased to meet you
s'il te/vous plaît	please
merci	thank you
je t'en prie/je vous en prie	you're welcome
pardon	excuse me
excuse-moi/excusez-moi!	sorry!
je suis désolé(e)	I'm sorry
il n'y a pas de mal	it's all right
ça ne fait rien	it doesn't matter
ne t'en fais pas/ne vous en faites pas	don't worry
être d'accord (avec)	to agree (with)

je suis d'accord (avec toi/ lui)	I agree (with you/him)
ça m'est égal	I don't mind
je crois que oui	I think so
je ne crois pas	I don't think so
je ne sais pas	I don't know
ça m'étonnerait	I'd be surprised
rencontrer	to meet
se voir	to see each other/one another
bavarder	to chat/chatter
causer	to chat
demander	to ask
répondre	to reply, answer
discuter	to discuss
s'amuser (bien)	to enjoy oneself
inviter	to invite
se disputer	to quarrel
s'excuser	to apologize

Language in action

M-L: Salut Carole! Quelle surprise! Qu'est-ce que tu fais par ici?

C: Salut Marie-Laure! Ça fait très longtemps qu'on ne s'est pas vues. Comment ça va?

M-L: Plutôt bien, merci. J'ai beaucoup de travail, comme toujours - et toi, ça va?

C: Très bien, même si ma vie a beaucoup changé. J'ai changé de travail et je ne sors plus avec Jean-François.

M-L: Je suis désolée. Tu as effectivement l'air un peu fatiguée.

C: Ne t'en fais pas, c'est mieux comme ça. Nous étions toujours en train de nous disputer. Nous n'étions jamais d'accord. Oui, c'est mieux comme ça.

M-L: Je suis d'accord avec toi. Est-ce que tu as le temps de prendre un café et de discuter un peu?

C: Je ne crois pas, j'ai rendez-vous avec une copine. Mais on pourrait se voir un autre jour?

M-L: Mais oui, c'est une bonne idée. Est-ce que tu es libre demain après-midi?

C: Demain, je suis désolée, mais je ne peux pas.

M-L: Ça ne fait rien. Je t'appellerai et on organisera quelque chose. Tiens! Voilà ma copine - Carole, je te présente Amélie.

C: Enchantée. Vous vous connaissez depuis longtemps?

A: Depuis quelques mois. Nous travaillons ensemble. Marie-Laure m'a beaucoup parlé de toi.

M-L: Nous devons partir maintenant, mais on se téléphonera.

C: Entendu! Alors, au revoir - et à bientôt!

M-L: A bientôt, Carole. Au revoir!

la maison (individuelle)	(detached) house
la maison jumelée	semi-detached house
le duplex	maisonette, duplex
l'appartement (M)	flat, apartment
le studio	bedsit, studio apartment
l'immeuble (M)	block of flats/apartments
l'étage (M)	floor, storey
le sous-sol	basement
le mur	wall
le toit	roof
la fenêtre	window
la porte-fenêtre	French window
le volet	shutter
le balcon	balcony
la terrasse	terrace/patio
l'ascenseur (M)	lift, elevator
la porte (d'entrée)	(front) door
l'entrée (F)	entrance/hall
le couloir	corridor, hallway
l'escalier (M)	stairs, staircase
le palier	landing
la pièce	room
le salon	lounge, sitting room
le séjour	living room
la salle à manger	dining room
la chambre (d'amis)	(spare) bedroom
la cuisine (intégrée)	(fitted) kitchen
la buanderie	utility room
la salle de bains	bathroom
les toilettes (F)	toilet, bathroom (US)
le grenier	loft, attic
le sol	floor
le plafond	ceiling
le chauffage central	central heating
l'électricité (F)	electricity
le gaz	gas
la boîte à lettres	letter box, mailbox
la clé	key
spacieux/-ieuse	spacious, large
minuscule	tiny
moderne	modern
neuf/neuve	new

ancien/-ienne	old
meublé	furnished
ensoleillé	sunny
sombre	dark
assez	quite
enfin	at last
entièrement	completely, entirely
en tout	altogether
à l'intérieur	inside
à l'extérieur	outside
en bas	downstairs
en haut	upstairs
acheter	to buy
louer	to rent/let
entrer	to go/come in
sortir	to go/come out
monter	to go/come up
descendre	to go/come down
rentrer (chez soi)	to go/come home
donner sur	to overlook/open onto
au premier/sixième étage	on the first/sixth floor
au printemps	in (the) spring
en été/automne/hiver	in (the) summer/autumn/winter
sans compter	not counting

Language in action

Grangeneuve
dimanche 7 février

Chère Chrystelle

J'ai une bonne nouvelle! Nous avons enfin trouvé la maison de nos rêves! Elle est plutôt grande. Il y a sept pièces en tout, sans compter le grenier et la cave. Au rez-de-chausée il y a un vaste séjour avec deux portes-fenêtres qui donnent sur une petite terrasse ensoleillée. La cuisine est assez grande et très claire. Elle est entièrement équipée et il y a un très joli carrelage. De l'autre côté de l'entrée, il y a une petite pièce assez sombre. Je compte y installer mon bureau. En haut nous avons en tout quatre chambres. La plus grande sera pour nous, elle se trouve juste en face de la salle de bains. Jérôme et Julie auront la leur à chaque extrémité du couloir et la quatrième sera la chambre d'amis. On t'invitera au printemps!
A bientôt, je t'embrasse
Sophie

les meubles (M)	*furniture*
le papier peint	*wallpaper*
la moquette	*(fitted) carpet*
le tapis	*rug*
la chaise	*chair*
le fauteuil	*armchair*
le canapé	*sofa, couch*
le tabouret	*stool*
la table	*table*
la table basse	*coffee table*
la bibliothèque	*bookcase*
le livre, le bouquin*	*book*
l'étagère (F)	*shelf/shelf unit*
le piano	*piano*
la cheminée	*fireplace, mantlepiece*
le radiateur	*radiator*
le rebord de la fenêtre	*window sill*
le coussin	*cushion*
le rideau	*curtain, drape*
le tissu	*fabric*
la lampe	*lamp*
l'abat-jour (M)	*lampshade*
le tableau	*picture/painting*
le cadre	*frame*
la glace, le miroir	*mirror*
l'horloge (F)	*clock*
la pendule	*(wall) clock*
la plante d'intérieur	*houseplant*
les fleurs (F)	*flowers*
le vase	*vase*
le bibelot	*ornament*
le cendrier	*ashtray*
la télévision, la télé*	*television, TV, telly*
la chaîne (hi-fi)	*stereo*
la platine laser	*CD player*
le CD, le disque compact	*CD, compact disk*
le téléphone	*telephone*
le répondeur	*answering machine*
le changement	*change*
accueillant	*welcoming/cosy*
confortable	*comfortable*
affreux/-euse	*awful, dreadful*
vilain	*ugly*

ravissant	beautiful, delightful
près de	near
à côté de	next to
devant	in front of
derrière	behind
contre	against
récemment	recently
se détendre	to relax
s'asseoir	to sit down
se mettre debout	to stand up
discuter, causer	to chat
changer	to change
(re)peindre	to (re)paint
tapisser	to wallpaper
raconter	to tell (news, story)
amener	to bring
épousseter	to dust
être à l'aise	to be comfortable
viens t'asseoir!	come and sit down!
tu trouves?	do you think so?
pas mal de	quite a few
raconte-moi ce que tu deviens!	tell me your news!
boire l'apéritif	to have an aperitif

Language in action

- Françoise, bonsoir! Je suis contente de te revoir!
- Bonsoir Patricia. Mais dis-moi, c'est très accueillant chez toi!
- Tu trouves? C'est vrai que nous avons fait pas mal de changements récemment.
- Quelle superbe bibliothèque, tu dois en passer du temps pour épousseter tous ces livres!
- Elle était dans le bureau de Paul. Il n'a accepté de la mettre dans le séjour qu'à la condition d'y amener aussi son affreux fauteuil en cuir.
- Il n'est pas si vilain et quant à cette pendule, je la trouve ravissante! Ce petit tableau n'est pas mal non plus. La pièce semble vraiment différente. Est-ce que vous avez retapissé?
- Non, on a juste changé les rideaux et ajouté quelques lampes ... et des tapis aussi.
- Toutes ces fleurs, ces bibelots... ça me plaît beaucoup.
- Viens, asseyons-nous près de la cheminée. Nous y serons plus à l'aise pour bavarder.

8 Home 3: the dining room

la table	table
la chaise	chair
le buffet	sideboard, buffet
le petit-déjeuner	breakfast
le déjeuner	lunch
le dîner	dinner, supper
la nappe	tablecloth
la serviette	napkin, serviette
les couverts (M)	cutlery
le couteau	knife
la fourchette	fork
la cuillère (à soupe)	(soup) spoon
la petite cuillère	teaspoon
la vaisselle	crockery, dishes
l'assiette (F)	plate
l'assiette à soupe (F)	soup plate
le plat	dish
le bol	bowl
le saladier	salad bowl
la coupe à fruits	fruit bowl
le sucrier	sugar bowl
la tasse	cup
la tasse à café	coffee cup
la soucoupe	saucer
la théière	teapot
la cafetière	coffee pot
le verre	glass
le sel	salt
le poivre	pepper
la moutarde	mustard
le dessous-de-plat	mat (for hot dish)
le pichet	jug
la bouteille	bottle
la corbeille à pain	bread basket
la bougie	candle
le bougeoir	candlestick
le plateau	tray
vite, rapidement	quickly
doucement, lentement	slowly
manger	to eat
boire	to drink
déjeuner	to have breakfast/lunch

dîner	to have dinner/supper
préparer	to prepare
servir	to serve
apporter	to bring
mettre	to put
prendre	to take
enlever	to take off/away
emporter	to take away
commencer	to start, begin
terminer	to finish
avant de faire	before doing
après avoir fait	after doing
être en train de faire	to be (busy) doing
venir de faire	to have just done
commencer à faire	to start doing
finir de faire	to finish doing
mettre la table	to set the table
débarrasser la table	to clear the table
se mettre à table	to sit down to eat
bon appétit!	enjoy your meal!
sers-toi/servez-vous!	help yourself/yourselves!
se servir de légumes	to help oneself to vegetables
passe-moi ton assiette	pass me your plate
avez-vous terminé?	have you finished?

Language in action

- À table, les enfants! Florent, apporte la corbeille à pain, elle est juste derrière toi, sur le buffet.
- Émilie, elle a pas voulu mettre la table avec moi et Sébastien, il a les mains sales.
- Et toi, tu as oublié les couteaux!
- Maman, Sébastien m'a piqué la main avec sa fourchette!
- Sébastien, passe-moi ton assiette et prends ta serviette. Fais attention, c'est chaud!
- Qu'est-ce qu'il y a comme dessert?
- De la salade de fruits. Florent, passe-moi le sel, veux-tu?
- À la cantine, on a du gâteau tous les jours, et puis des frites et du coca aussi.
- Raison de plus pour profiter de ce que vous êtes à la maison pour manger des fruits et des légumes. Attention Émilie, tu vas renverser la carafe. Je vais être obligée de relaver la nappe.
- C'est pas ma faute, c'est Florent qui l'a posée là! Moi aussi, je voudrais du gâteau.
- Si vous continuez comme ça, je ne sais même pas s'il y aura un dessert!

la cuisinière (électrique/à gaz)	(electric/gas) cooker
la hotte	extractor hood
l'électroménager (M)	electrical appliances
le four	oven
le four à micro-ondes	microwave oven
la bouilloire (électrique)	(electric) kettle
la cafetière électrique	coffee machine
le grille-pain	toaster
le frigidaire, le frigo*	fridge
le congélateur	freezer
le lave-vaisselle	dishwasher
la chaudière	(central heating) boiler
l'évier (M)	sink
le robinet	tap, faucet
la table de cuisine	kitchen table
le plan de travail	work surface
le placard	cupboard, closet
l'élément (mural) (M)	(wall) unit
le rangement	storage unit
le tiroir	drawer
la poignée	handle, knob
l'accessoire (M)	accessory
l'étagère (F)	shelf
la poubelle	bin, garbage can
le sac poubelle	bin liner
la planche à découper	chopping board
la planche à pain	breadboard
la casserole	saucepan
le couvercle	lid
la poêle	frying pan
la cocotte-minute	pressure cooker
le saladier	salad/mixing bowl
le couteau	knife
la cuillère	spoon
les ciseaux (M)	scissors
la passoire	sieve, colander
le bocal	storage jar
la boîte	can
l'ouvre-boîtes (M)	can opener
le tire-bouchon	corkscrew
le décapsuleur	bottle-opener
le paquet	packet

le tube	*tube*
l'essuie-tout (M)	*kitchen paper*
le papier d'aluminium	*kitchen foil*
le tablier	*apron*
le torchon	*tea towel*
commode	*convenient*
pratique	*practical, handy*
utile	*useful*
bien organisé	*well organized*
dangereux/-euse	*dangerous*
coupant	*sharp*
bien rangé	*tidy*
cuisiner	*to cook, do the cooking*
utiliser	*to use*
laver	*to wash*
nettoyer	*to clean*
essuyer	*to wipe, dry*
encastrer	*to build in* (hob, oven, etc.)
mettre la bouilloire à chauffer	*to put the kettle on*
faire la cuisine	*to do the cooking*
être en désordre	*to be untidy*
ranger la cuisine	*to tidy the kitchen*
faire la vaisselle	*to do the washing-up*
ouvrir/fermer le robinet	*to turn on/off the tap*
sortir la poubelle	*to take the bin out*
faire attention	*to be careful*
vaste choix de	*huge range of*

Language in action

Une cuisine intégrée à la fois moderne et chaleureuse pour seulement 5 000 F!
Existe en 3 coloris (jaune, caramel ou saumon), plan de travail assorti (gris ou imitation hêtre).
La combinaison de base comprend les éléments suivants :
- Meuble bas sous évier, 2 portes, 1 étagère.
- Meuble bas pour four encastrable.
- Meuble bas, 1 porte, 1 tiroir.
- Élément mural 2 portes, 2 étagères.
- Élément mural vitré, 1 étagère.
- Façade pour hotte encastrable.
- Armoire pour électroménager (réfrigérateur/congélateur).

Vaste choix de poignées, robinets et accessoires. Tarifs préférentiels sur l'électroménager de grandes marques.

le ménage	*housework*
la tâche	*job, task*
la femme de ménage	*cleaning lady*
l'aspirateur (M)	*vacuum cleaner*
le balai	*(sweeping) brush*
la balayette	*(hand)brush*
la pelle	*dustpan*
le manche	*handle*
la cuvette (pour la vaisselle)	*(washing-up) bowl*
le seau	*bucket*
le chiffon	*duster*
le gant en caoutchouc	*rubber glove*
l'éponge (F)	*sponge*
le produit à vaisselle	*washing-up liquid*
les produits de ménage (M)	*cleaning products*
le désinfectant	*disinfectant*
l'eau de javel (F)	*bleach*
la bombe (aérosol)	*aerosol, spray can*
la cire	*(wax) polish*
le sac	*bag*
le sac poubelle	*bin liner*
la machine	*machine*
la machine à laver	*washing machine*
le lave-vaisselle	*dishwasher*
le sèche-linge	*tumble drier*
la lessive	*washing powder/liquid*
l'assouplissant (M)	*fabric softener*
la corbeille à linge	*linen basket*
la corde à linge	*washing line*
la pince à linge	*clothes peg*
le repassage	*ironing*
le fer à repasser	*iron*
la planche à repasser	*ironing board*
la machine à coudre	*sewing machine*
le sol	*floor*
le carrelage	*tiled floor, tiling*
le carreau	*tile/windowpane*
la vitre	*window(pane)*
la graisse	*grease*
la poussière	*dust*
difficile	*difficult, hard*
facile	*easy*

mouillé	*wet*
propre	*clean*
sale	*dirty*
sec/sèche	*dry*
méticuleusement	*thoroughly*
nettoyer	*to clean*
balayer	*to sweep*
cirer	*to polish*
éponger	*to sponge*
épousseter	*to dust*
essuyer	*to wipe*
frotter	*to rub*
mouiller	*to wet*
sécher	*to dry*
remplir	*to fill*
vider	*to empty*
repasser	*to iron*
faire le ménage	*to do the housework*
faire la vaisselle	*to wash up*
faire la lessive	*to do the washing*
étendre le linge	*to hang out the washing*
faire le repassage	*to do the ironing*
nettoyer les carreaux	*to clean the windows*
passer l'aspirateur	*to vacuum*
mettre de l'ordre	*to tidy*

Language in action

Lundi
Passer l'aspirateur et épousseter les meubles.

Mardi
Faire la lessive et étendre le linge (éviter le sèche-linge qui consomme beaucoup trop).
Laver la salle de bains. Astiquer les miroirs.

Mercredi
Nettoyer à fond la cuisine (ne pas hésiter à frotter, bien récurer les plaques de cuisson).

Jeudi
Passer l'aspirateur et laver le carrelage. Nettoyer les carreaux.

Vendredi
Épousseter et cirer les meubles.
Repasser la lessive.

Une fois par mois
Dégivrer le congélateur et laver le frigo à l'eau javellisée.
Cirer le parquet.

la cuillère	*spoon*
la cuillerée	*spoonful*
la cuillère à soupe	*tablespoon(ful)*
le moule (à tartes)	*(tart) tin*
le rouleau à pâtisserie	*rolling pin*
l'ingrédient (M)	*ingredient*
le mélange	*mixture*
la purée	*purée*
la pâte	*pastry/dough/paste*
la pâte à frire	*batter*
les aromates (M)	*herbs and spices*
les fines herbes (F)	*herbs*
l'épice (F)	*spice*
la gousse d'ail	*clove of garlic*
le morceau	*piece*
la tranche	*slice*
le noyau	*stone, pit*
la peau	*skin, peel*
la cuisson	*cooking/cooking time*

chaud	*hot*
froid	*cold*
tiède	*(luke)warm*
prêt	*ready*
frais/fraîche	*fresh*
congelé	*frozen*
en conserve	*canned*
cuit	*cooked*
cru	*raw*
épais/épaisse	*thick*
fin/fine	*fine, thin*
lisse	*smooth*
liquide	*liquid*
haché	*chopped, minced*
bien	*well, thoroughly*
doucement	*gently, slowly*
vite, rapidement	*quickly*
finement	*finely*

cuire	*to cook*
cuisiner	*to cook, do the cooking*
chauffer	*to heat*
refroidir	*to cool*
bouillir	*to boil*
mijoter	*to simmer*

rôtir	*to roast*
frire	*to fry*
griller	*to grill, broil*
faire dorer	*to brown*
faire revenir	*to soften* (*in oil/butter*)
brûler	*to burn*
allumer	*to light, turn on*
éteindre	*to turn off*
remplir	*to fill*
vider	*to empty*
préparer	*to prepare*
mélanger	*to mix*
battre	*to beat*
fouetter	*to whip*
couper	*to cut*
hacher	*to chop/mince*
éplucher	*to peel*
enlever	*to remove*
ajouter	*to add*
assaisonner	*to season*
décongeler	*to defrost, thaw*
servir	*to serve*
faire cuire/ faire mijoter quelque chose	*to cook/simmer something*
à feu vif/doux/moyen	*on a high/low/medium heat*
commencer à faire	*to start doing*
finir de faire	*to finish doing*
baisser le feu	*to lower the heat*

Language in action

Langues de chat

Préparation: 10 mn.
Cuisson: 10 mn.

Pour 6 personnes:
200 g. de farine
225 g. de beurre
200 g. de sucre
3 œufs

Mélanger le sucre et la farine. Ajouter le beurre puis les œufs. Beurrer un moule à langues de chat. Mettre une cuillerée de pâte dans chacune des divisions du moule. Faire cuire au four, thermostat 7, pendant 10 minutes.

le lit	bed
l'armoire (F)	wardrobe, closet
la lampe	lamp
le réveil	alarm clock
le radio-réveil	radio alarm
la couette	duvet
la housse de couette	duvet cover
la couverture	blanket
le drap (housse)	(fitted) sheet
l'oreiller (M)	pillow
la taie d'oreiller	pillowcase
le dessus-de-lit	bedspread
la salle de bains	bathroom
la baignoire	bath(tub)
la douche	shower
le lavabo	handbasin
les toilettes (F)	toilet
la glace, le miroir	mirror
le robinet	tap
l'eau chaude/froide	hot/cold water
le papier hygiénique	toilet paper
l'éponge (F)	sponge
le gant de toilette	flannel
le savon	soap
la serviette (de bain)	(bath) towel
le tapis de bain	bathmat
le peigne	comb
la brosse	brush
la brosse à dents	toothbrush
la brosse à ongles	nailbrush
les ciseaux (M)	scissors
la pince à épiler	tweezers
le rasoir	razor
le sèche-cheveux	hairdryer
le dentifrice	toothpaste
le gel douche	shower gel
le shampooing	shampoo
le déodorant	deodorant
la crème	cream
la crème à raser	shaving cream
la crème hydratante	moisturizer
le maquillage	make-up

| de bonne heure | early |
| tard | late |

se coucher	to go to bed
se lever	to get up
s'étendre	to lie down
s'endormir	to fall asleep
se réveiller	to wake up
dormir	to sleep
rêver	to dream
faire un cauchemar	to have a nightmare
avoir sommeil	to be sleepy
bâiller	to yawn
faire la grasse matinée	to have a lie-in, to sleep late
s'habiller	to get dressed
se déshabiller	to get undressed
prendre une douche	to have a shower
prendre un bain	to have a bath
se laver	to wash (oneself)
se laver les cheveux	to wash one's hair
se laver les dents	to clean one's teeth
se peigner	to comb one's hair
se raser	to shave
se maquiller	to put on one's make-up
se démaquiller	to remove one's make-up
mettre sonner le réveil	to set the alarm clock

bonne nuit!	goodnight!
dors bien!	sleep well!
fais de beaux rêves!	sweet dreams!

Language in action

Brigitte: Voilà, les lits sont prêts. Si tu as froid, il y a des couvertures dans l'armoire.

Anne: On va devoir se lever tôt demain. Rien que pour la toilette, il nous faudra au moins deux heures, le temps pour chacune de prendre sa douche, de se maquiller puis de s'habiller... Je ferais mieux de me laver les cheveux ce soir. Est-ce que tu peux me prêter un peigne? J'ai oublié le mien.

Brigitte: Tu trouveras tout ce qu'il te faut dans le grand tiroir. Il y a aussi un sèche-cheveux. Le shampooing et le gel douche sont près du lavabo et les serviettes sont posées sur le rebord de la baignoire. Je vais mettre sonner le réveil à cinq heures. Bonne nuit!

Anne: À demain. Dors bien!

le jardin	*garden, yard*
le jardin potager	*vegetable garden*
l'arbre (fruitier) (M)	*(fruit) tree*
la branche	*branch*
l'arbuste (M)	*shrub*
la plante	*plant*
la fleur	*flower*
la feuille	*leaf*
la plate-bande	*flowerbed*
l'herbe (F)	*grass*
le gazon	*lawn*
les mauvaises herbes (F)	*weeds*
la clôture	*fence*
la haie	*hedge*
le garage	*garage*
la remise	*shed*
la serre	*greenhouse*
les graviers (M)	*gravel*
l'outil (M)	*tool*
la tondeuse (à gazon)	*lawnmower*
la brouette	*wheelbarrow*
la bêche	*spade*
le râteau	*rake*
l'arrosoir (M)	*watering can*
le désherbant	*weedkiller*
l'engrais (M)	*fertilizer*
l'animal domestique (M)	*pet*
le chat	*cat*
le chaton	*kitten*
le chien	*dog*
le chiot	*puppy*
le cheval	*horse*
le cochon d'Inde	*guinea pig*
la gerbille	*gerbil*
le hamster	*hamster*
le lapin	*rabbit*
l'oiseau (M)	*bird*
le perroquet	*parrot*
la perruche	*budgie*
le poisson-rouge	*goldfish*
la tortue	*tortoise*
l'insecte (M)	*insect*
la mouche	*fly*

le moustique	*mosquito*
l'abeille (F)	*bee*
la guêpe	*wasp*
l'araignée (F)	*spider*
carré	*square*
mûr	*ripe*
ovale	*oval*
plat	*flat*
propre	*clean, tidy, clear*
rectangulaire	*rectangular*
rond	*round*
sauvage	*wild*
d'antan	*of old, of days gone by*
bêcher	*to dig*
planter	*to plant*
cultiver	*to grow/cultivate*
pousser	*to grow*
arroser	*to water*
cueillir	*to pick*
ramasser	*to pick, gather*
arracher	*to pull up*
nettoyer	*to clean, tidy*
tondre	*to mow*
couper	*to cut*
tailler	*to prune*
s'approvisionner en	*to stock up on*

Language in action

L'édito de mars

Avec l'arrivée du printemps, le jardin réclame de nouveau toute votre attention. Commencez par un inventaire des outils de la remise. Songez également à vous approvisionner en engrais, désherbant, ...

Pour ce qui est de l'entretien du gazon, privilégiez les produits non toxiques; ainsi enfants et animaux domestiques pourront s'y ébattre en toute sécurité. Ne tardez plus à tailler les rosiers grimpants. Aménagez des plates-bandes colorées.

Enfin retrouvez le charme des jardins d'antan. Plantez et semez les herbes aromatiques en carrés bordés de buis au jardin ou cultivez-les en pot près de la cuisine. Joignez l'utile à l'agréable en agrémentant votre potager de fleurs telles que la capucine qui attire les parasites et protège ainsi vos légumes.

Toute la rédaction vous souhaite un agréable printemps au jardin.
La vie des jardins

la fête	*party/festival*
la soirée	*party/evening*
l'invitation (F)	*invitation*
l'hôte (M)	*host*
l'invité/-e (M/F)	*guest*
la musique	*music*
le groupe	*group, band*
le verre	*glass*
le gobelet en plastique	*plastic cup*
la serviette (en papier)	*(paper) napkin*
la nappe (en papier)	*(paper) tablecloth*
la boisson	*drink*
la boisson non-alcoolisée	*soft drink*
le coca™	*Coke™*
le jus de fruit	*fruit juice*
l'alcool (M)	*alcohol*
la bière	*beer*
le cidre	*cider*
le vin rouge/blanc/rosé	*red/white/rosé wine*
le champagne	*champagne*
le vin mousseux	*fizzy wine*
le repas	*meal*
le dîner	*dinner*
les amuse-gueule (M)	*nibbles*
les chips (F)	*crisps*
le gâteau	*cake*
l'anniversaire (M)	*birthday*
l'anniversaire de mariage (M)	*wedding anniversary*
les fêtes de fin d'année	*the festive season*
le réveillon	*Christmas Eve/New Year's Eve party*
le jour de Noël	*Christmas day*
la Saint-Sylvestre	*New Year's Eve*
le nouvel an	*New Year*
le jour de l'an	*New Year's Day*
la Saint-Valentin	*St Valentine's Day*
le Mardi gras	*Shrove Tuesday*
la fête des Mères/Pères	*Mother's/Father's Day*
le dimanche de Pâques	*Easter Sunday*
le quatorze juillet	*Bastille Day*
d'accord	*okay, all right*
formidable	*great, terrific*

inviter	*to invite*
répondre	*to reply*
remercier	*to thank*
accueillir	*to welcome, receive*
fêter	*to celebrate*
danser	*to dance*
chanter	*to sing*
écouter	*to listen (to)*
boire	*to drink*
manger	*to eat*
s'amuser (bien)	*to enjoy oneself*
s'éclater	*to have a great time*
rire	*to laugh*
sourire	*to smile*
une soirée costumée	*a fancy-dress party*
déguisé en	*dressed up as*
je veux bien	*I'd love to*
ça dépend	*it depends*
je ne veux pas	*I don't want to*
je ne pourrai pas venir	*I won't be able to come*
faire la fête	*to celebrate*
boire à la santé de quelqu'un	*to drink to someone's health*
qu'est-ce que tu veux boire?	*what would you like to drink?*

Language in action

Salut les copains! J'ai réparti les tâches pour l'organisation de notre fabuleuse soirée costumée:

Eric:
- Envoyer les invitations (tu mets qu'il s'agit d'une soirée costumée, que tout le monde doit venir déguisé en gitan et tu précises bien qu'il faut répondre).
- Sélectionner de la musique pour danser. Pas de musique bizarre.
- Téléphoner aux voisins pour les prévenir que nous allons faire du bruit. Ou mieux encore, invite-les aussi!

Jean-Luc: (puisque tu as une voiture tu vas faire les courses)
- Acheter des gobelets en plastique et des assiettes en carton. Des serviettes aussi!
- Acheter à boire: beaucoup de bière mais aussi du vin et pas mal de boissons non alcoolisées (jus de fruits, coca et de l'eau)
- Acheter aussi à manger: pain, chips, jambon, olives, des trucs comme ça.
Je vous aiderais volontiers, mais je travaille. Je m'engage à faire les sandwiches. On va s'éclater!

15 Time expressions

le temps	*time*
l'an (M)	*year*
l'année (F)	*year*
le mois	*month*
la semaine	*week*
le jour/la journée	*day*
l'heure (F)	*hour/time (by the clock)*
la minute	*minute*
la seconde	*second*
la pendule/l'horloge (F)	*clock*
le réveil	*alarm clock*
la montre	*watch*
l'aiguille (F)	*hand (on clock, watch)*
la demi-heure	*half hour, half an hour*
la demie	*half*
le quart	*quarter*
le quart d'heure	*quarter of an hour*
le matin/la matinée	*morning*
l'après-midi (M)	*afternoon*
le soir/la soirée	*evening*
la nuit	*night*
le lendemain (de)	*the day after*
la veille (de)	*the day/evening before*
le week-end, la fin de semaine	*weekend*
prochain	*next*
dernier/-ière	*last*
suivant	*following*
midi	*midday, noon*
minuit	*midnight*
aujourd'hui	*today*
demain	*tomorrow*
hier	*yesterday*
après-demain	*the day after tomorrow*
avant-hier	*the day before yesterday*
après	*after*
avant	*before*
pendant	*during*
depuis	*since*
déjà	*already*
bientôt	*soon*
récemment	*recently*

tout de suite	*immediately, at once*
souvent	*often*
rarement	*rarely, seldom*
de bonne heure	*early*
tard	*late*
combien	*how much/many*
presque	*almost*
quand	*when*
la semaine prochaine/ dernière	*next/last week*
l'année prochaine/ dernière	*next/last year*
juste après/avant	*just after/before*
la veille/le lendemain du match	*the day before/day after the match*
quelle heure est-il?	*what time is it?*
il est dix heures	*it's ten o'clock*
il est dix heures et demie	*it's half past ten*
il est dix heures et quart	*it's quarter past ten*
il est dix heures moins le quart	*it's quarter to ten*
à dix heures vingt	*at twenty past ten*
à dix heures moins vingt	*at twenty to ten*
dans une demi-heure	*in half an hour*
dans un quart d'heure	*in a quarter of an hour*
dans dix minutes	*in ten minutes*
être en avance	*to be early*
être en retard	*to be late*
être à l'heure	*to be on time*
depuis quand?	*since when?*
depuis lundi	*since Monday*
depuis combien de temps habitez-vous ici?	*how long have you been living here?*
nous sommes là depuis cinq ans	*we've been here for five years*
je le connais depuis trois ans	*I've known him for three years*
depuis que nous habitons à Tours	*since we've been living in Tours*
je la connais depuis 1990	*I've known her since 1990*
je l'ai rencontré en 1996	*I met him in 1996*
j'ai travaillé pendant trois heures/cinq ans	*I worked for three hours/five years*
il y a six ans	*six years ago*

le magasin	*shop, store*
le grand magasin	*department store*
la boutique	*(small) shop*
le marché	*market*
le supermarché	*supermarket*
la grande surface	*hypermarket*
l'hypermarché (M)	*hypermarket*
l'alimentation générale (F)	*convenience store*
le libre-service	*self-service store*
la boucherie	*butcher's (shop)*
la charcuterie	*pork butcher's/delicatessen*
la poissonnerie	*fishmonger's (shop)*
la crémerie, la fromagerie	*cheese shop*
le marchand de fruits et légumes	*greengrocer*
l'épicerie (F)	*grocer's*
la boulangerie	*baker's (shop)*
la pâtisserie	*cake shop*
la confiserie	*sweetshop*
le magasin bio*	*healthfood shop*
le marchand de vin	*wine merchant*
le bureau de tabac	*tobacconist's (shop)*
la bijouterie	*jeweller's (shop)*
la librairie	*bookshop*
le magasin de journaux	*newsagent's*
la papeterie	*stationer's (shop)*
la pharmacie	*pharmacy*
la droguerie	*hardware shop*
la quincaillerie	*ironmonger's (shop)*
le magasin de sport	*sports shop*
le magasin de meubles	*furniture shop*
l'antiquaire (M/F)	*antique dealer*
la brocante	*junk shop*
la galerie d'art	*art gallery*
le magasin de vêtements	*clothes shop*
la parfumerie	*perfumery*
le magasin de chaussures	*shoe shop*
le pressing	*dry cleaner's*
la cordonnerie	*cobbler's*
le coiffeur/la coiffeuse	*hairdresser*
l'opticien/-ienne (M/F)	*optician*
l'agence de voyage (F)	*travel agency*
l'agence immobilière (F)	*estate agent's*

la banque	*bank*
la caisse d'épargne	*savings bank*
le client/la cliente	*customer*
le vendeur/la vendeuse	*sales assistant*
le caissier/la caissière	*checkout assistant*
le gérant/la gérante	*manager*
les soldes (F)	*sales*

acheter	*to buy*
aider	*to help*
chercher	*to look for, want*
choisir	*to choose*
demander	*to ask (for)*
payer	*to pay (for)*
entrer	*to go/come in*
sortir	*to go/come out*

chez le coiffeur	*at the hairdresser's*
à la pharmacie	*in the pharmacy*
au supermarché	*in the supermarket*
faire des courses	*to go shopping*
faire du lèche-vitrines	*to go window-shopping*
prendre rendez-vous	*to make an appointment*
en vente ici	*on sale here*
fermeture annuelle	*annual holiday*
heures d'ouverture	*opening hours*
prière de ne pas toucher	*please do not touch*
prix chocs	*rockbottom prices*
prix réduits	*reductions*

Language in action

Liste des courses à faire:
- faire les courses au supermarché - boissons, plats cuisinés... Si possible passer au magasin bio pour les produits frais - fruits, légumes, laitages.
- commander une "forêt-noire" à la pâtisserie du centre-ville pour l'anniversaire de Zoé
- prendre rendez-vous chez le coiffeur
- passer prendre la veste de Dominique au nettoyage à sec
- 18 h : lèche-vitrines au centre commercial avec Pascaline

les vêtements (M)	clothes
les fringues* (F)	clothes
la jupe	skirt
la robe	dress
le pantalon	trousers, pants
le jean	jeans
le short	shorts
la chemise	shirt
le chemisier	blouse
le dessus, le haut	top
le pull(over)	sweater
le sweat-shirt	sweatshirt
le gilet	cardigan/waistcoat
la veste	jacket
le costume	suit (man's)
le tailleur	suit (woman's)
le survêtement	tracksuit
l'imperméable (M)	raincoat
le manteau	coat
le pardessus	overcoat
le pyjama	pyjamas
la chemise de nuit	nightdress
la petite culotte	knickers, panties
le slip	underpants, shorts (US)
le caleçon	leggings/boxer shorts
le soutien-gorge	bra
le collant	tights, pantyhose
la chaussette	sock
le maillot de bain	swimsuit
le slip de bain	swimming trunks
la manche	sleeve
le col	neck (of garment)
la chaussure	shoe
l'escarpin (M)	court shoe
le mocassin	loafer
la chaussure de sport	trainer
les baskets (F)	trainers
la botte	boot
le chausson	slipper
la taille	size/waist (measurement)
la pointure	(shoe) size
la cabine d'essayage	fitting room
la vitrine	(shop) window

à manches courtes/ longues	*long/short-sleeved*
sans manches	*sleeveless*
à col roulé	*polo-necked*
à talons hauts	*high-heeled*
doublé	*lined*
serré	*tight*
ajusté	*close-fitting*
ample	*loose*
matelassé	*padded/quilted*
(beaucoup) trop	*(much) too*
grand	*big*
petit	*small*
essayer	*to try (on)*
échanger (contre)	*to exchange (for)*
conseiller	*to advise*
vous avez besoin d'aide?	*would you like any help?*
je vous laisse regarder?	*are you just looking?*
entrée libre	*please feel free to look round*
est-ce que vous avez la taille au-dessus/en dessous?	*do you have the larger/ smaller size?*
faire du lèche-vitrine	*to go window-shopping*
payer en espèces	*to pay cash*
payer par chèque/carte	*to pay by cheque/card*
faire le tour des magasins	*to go round the shops*
au fond de	*at the back/bottom of*

Language in action

- Mesdames, est-ce que je peux vous aider?
- J'aimerais essayer le tailleur qui se trouve en vitrine.
- Vous ne cherchez pas au bon endroit. La nouvelle collection se trouve dans le fond du magasin. Suivez-moi. Quelle taille voulez-vous, 38?
- Plutôt 40.
- Je vous donne les deux. Les cabines d'essayage sont sur votre droite. [...]
- Qu'en penses-tu? La veste est un peu serrée, non?
- Au contraire, la vendeuse a raison. Le 40 ne te va pas du tout. Tu flottes dans le pantalon - et si tu essayais la veste avec le petit chemisier en soie que tu viens d'acheter?
- C'est une bonne idée. [...]
- Tu vois! Ça te va à la perfection! Dépêche-toi et on aura le temps de regarder les chaussures aussi!

l'accessoire (M)	*accessory*
le foulard	*scarf (square)*
l'écharpe (F)	*scarf (long)*
la cravate	*tie*
le nœud papillon	*bow tie*
le gant	*glove*
la paire de gants	*pair of gloves*
le chapeau	*hat*
le bonnet (en laine)	*(woolly) hat*
le mouchoir	*handkerchief*
le kleenex™	*tissue*
la ceinture	*belt*
le sac	*bag*
le sac à main	*handbag, purse (US)*
le panier	*basket*
le cabas	*shopping bag/basket*
la serviette	*briefcase*
le sac à bandoulière	*shoulder bag*
le cartable	*satchel-type bag*
le porte-monnaie	*purse, change purse*
le portefeuille	*wallet, billfold*
la trousse de toilette	*toilet bag*
le porte-clés	*keyring*
la bijouterie	*jewellery*
le collier	*necklace*
le sautoir	*long necklace/chain*
la perle	*pearl/bead*
le collier de perles	*string of pearls*
le pendentif	*pendant*
la boucle d'oreille	*earring*
la broche	*brooch*
le bracelet	*bracelet*
la gourmette	*chain bracelet*
la bague	*ring*
la bague de fiançailles	*engagement ring*
l'alliance (F)	*wedding ring*
la montre	*watch*
la barrette	*hairslide, barette*
le bandeau	*hairband*
le maquillage	*make-up*
le démaquillant	*make-up remover*

la trousse de maquillage	*make-up bag*
le fond de teint	*foundation*
la poudre	*face powder*
le rouge à lèvres	*lipstick*
le fard à joues	*blusher*
le maquillage pour les yeux	*eye make-up*
le fard à paupières	*eye shadow*
le mascara	*mascara*
le vernis à ongles	*nail varnish*
le dissolvant	*nail varnish remover*
les articles de toilette (M)	*toiletries*
la crème hydratante	*moisturizer*
la crème pour les mains	*hand cream*
le parfum	*perfume*
l'eau de toilette (F)	*toilet water*
l'après-rasage (M)	*after-shave*
la crème/le gel à raser	*shaving cream/gel*
le savon	*soap*
le shampooing	*shampoo*
l'après-shampooing (M)	*conditioner*
la teinture pour les cheveux	*hair dye*
la laque	*hairspray*
le peigne	*comb*
la brosse à cheveux	*hairbrush*
le sèche-cheveux	*hairdryer*
le bain moussant	*foam bath*
le gel douche	*shower gel*
le déodorant	*deodorant*
le dentifrice	*toothpaste*
la brosse à dents	*toothbrush*
la crème dépilatoire	*hair-removing cream*
la pince à épiler	*tweezers*
les ciseaux (M)	*scissors*
la lime à ongles	*nail file*
le coton hydrophile (F)	*cotton wool*
le Coton-Tige™	*cotton bud*
se maquiller	*to put on one's make-up*
se démaquiller	*to remove one's make-up*
se brosser/laver les cheveux	*to brush/wash one's hair*
se teindre les cheveux	*to dye one's hair*
un foulard en soie	*a silk scarf*
une ceinture en cuir	*a leather belt*
un bracelet en or/argent	*a gold/silver bracelet*

le café (moulu)	(ground) coffee
le café en grains	coffee beans
le café soluble	instant coffee
le chocolat instantané	drinking chocolate
le thé	tea
le vin	wine
les spiritueux (M)	spirits
le jus de fruits/d'orange	fruit/orange juice
le sirop de fruits	fruit cordial
l'eau minérale (F)	mineral water
le biscuit	biscuit, cookie
les céréales (F)	cereal(s)
la confiture	jam, jelly (US)
la marmelade d'oranges	marmalade
le miel	honey
le riz	rice
les nouilles (F)	noodles/tagliatelle
les pâtes (F)	pasta
les lentilles (F)	lentils
la farine	flour
le sucre	sugar
le sel	salt
le poivre	pepper
le vinaigre	vinegar
l'huile d'olive/de maïs (F)	olive/corn oil
la moutarde	mustard
les aromates (M)	herbs and spices
les conserves	tinned goods
les anchois (M)	anchovies
le bonbon	sweet
le chocolat	chocolate
le concentré de tomates	tomato purée
les cornichons (M)	gherkins
les sardines (F)	sardines
la sauce tomate	tomato sauce
les fruits secs (M)	dried fruit
les aliments pour bebés (M)	baby food
les aliments pour animaux (M)	pet food
le lot	pack
la caisse	checkout/till
le caissier/la caissière	checkout assistant
le chariot	trolley, cart (US)

le panier	*basket*
l'entrée (F)	*entrance*
le panier	*basket*
le parking	*carpark*
le rayon	*counter/section/shelf*
le rayon fromage	*the cheese counter*
le rayon vin	*the wine section*
la sortie	*exit*
la sortie de secours	*emergency exit*

lourd	*heavy*
léger/-ère	*light*
assez (de)	*enough (of)*
beaucoup (de)	*a lot (of)*
trop (de)	*too much (of)*

en promotion	*on special offer*
passer à la caisse	*to go to the checkout*
faire la queue	*to queue*
est-ce que vous pouvez me renseigner?	*can you help/tell me?*

Language in action

Philippe: On prend un panier ou un chariot?
Cyril: On prend chacun un panier. Il pleut et ça ne me dit rien de retourner chercher un chariot sur le parking. Est-ce que tu as la liste des courses?
- La voilà! On se sépare pour avoir plus vite fini?
- Entendu! Je m'occupe des fruits et légumes, du pain et des boissons et je te laisse le reste. On se retrouve au rayon fromage pour faire la queue.
[*Vingt minutes plus tard*]
Cyril: Te voilà enfin! Qu'est-ce que tu faisais? Tu as rencontré quelqu'un?
Philippe (plutôt confus): Non. C'est-à-dire... Il y avait des promotions.
- Je vois, ça explique que ton panier soit plein à craquer. Voyons cela... quatre paquets de chips, deux bocaux d'olives, six boîtes de sardines, douze tablettes de chocolat, cinq lots de plats cuisinés, trois litres d'huile d'olive. Mais enfin, Philippe, tu n'as quand même pas oublié le riz, le café, le sucre, la farine? Non, ils y sont, c'est déjà ça. Si nous passions à la caisse?
- D'accord, mais évitons le rayon des bonbons. Ça ne me vaut rien de faire les courses avant le déjeuner. J'ai tout de suite faim et forcément j'en achète plein.

le légume	*vegetable*
l'oignon (M)	*onion*
l'ail (M)	*garlic*
l'échalote (F)	*shallot*
la pomme de terre	*potato*
la carotte	*carrot*
le navet	*turnip*
le poireau	*leek*
le petit pois	*pea*
le chou	*cabbage*
le céleri	*celery*
le champignon	*mushroom*
le brocoli	*broccoli*
le chou de Bruxelles	*Brussels sprout*
le chou-fleur	*cauliflower*
les épinards (M)	*spinach*
le haricot vert	*green bean*
la fève	*broad bean, lima bean*
la courgette	*courgette, zucchini*
l'endive (F)	*chicory, endive*
le poivron rouge/vert	*red/green pepper*
l'aubergine (F)	*aubergine, eggplant*
l'artichaut (M)	*artichoke*
l'asperge (F)	*asparagus*
la salade	*lettuce/salad*
la laitue	*(round) lettuce*
la tomate	*tomato*
le concombre	*cucumber*
l'avocat (M)	*avocado*
le maïs	*sweetcorn*
les fruits (M)	*fruit*
la pomme	*apple*
la poire	*pear*
la banane	*banana*
la prune	*plum*
le pruneau	*prune*
l'abricot (M)	*apricot*
le raisin	*grapes*
la cerise	*cherry*
la pêche	*peach*
la nectarine/le brugnon	*nectarine*
le melon	*melon*
la fraise	*strawberry*

la framboise	raspberry
la figue	fig
le cassis	blackcurrants
l'orange (F)	orange
la clémentine	clementine
le pamplemousse	grapefruit
le citron	lemon
le citron vert	lime
beau/belle, joli	beautiful, lovely
de bonne qualité	high-quality
frais/fraîche	fresh
mûr	ripe
pourri	rotten
de culture biologique	organic
de pays/de la région	locally grown
demander	to ask (for)
peser	to weigh
choisir	to choose
une grappe de raisin	a bunch of grapes
quel est le prix de...?	what is the price of...?
vous en voulez combien?	how much/many would you like?
vous désirez autre chose?	would you like anything else?
avec ceci?	anything else?
ce sera tout, merci	that's all, thanks

Language in action

- Elles sont sucrées, elles sont gorgées de soleil, demandez mes clémentines, vingt francs les deux kilos de clémentines! -
Madame, bonjour! Qu'est-ce que je vous sers?
- Quel est le prix de la laitue, s'il vous plaît?
- Quatre francs la pièce, les trois pour dix francs.
- J'en prendrai une.
- Elle se conserve très bien, vous savez. On n'a pas attendu l'agriculture biologique pour produire des légumes de pleine terre. Vous êtes sûre que vous n'en voulez pas trois?
- Oui, une, ça suffira merci.
- Vous désirez autre chose?
- Oui, deux têtes d'ail et une barquette de fraises de 250 grammes.
- Avec ceci?
- Ce sera tout, merci.
- Ça vous fera seize francs. [...] Et quatre qui font vingt. - Je vous ai mis une grappe de raisin noir, vous m'en direz des nouvelles. [...]

la viande	meat
la viande hachée	mince
le bœuf	beef
le veau	veal
l'agneau (M)	lamb
le porc	pork
le poulet	chicken
la dinde	turkey
le canard	duck
la pintade	guineafowl
le lapin	rabbit
le chevreuil	venison
le foie	liver
le foie de volaille	chicken liver
le rognon	kidney
le lard fumé	smoked streaky bacon
le jambon (cuit)	ham
le jambon cru/de pays	cured raw ham
la saucisse	sausage
le saucisson	salami-type sausage
le boudin (noir)	black pudding
le pâté	pâté
la pâtée	food (canned meat for animals)
le bifteck	steak
la côtelette	chop
la grillade de porc	pork steak
la cuisse de poulet	chicken leg
le blanc de poulet	chicken breast
le magret de canard	duck breast
le gigot d'agneau	leg of lamb
le poisson	fish
le cabillaud	cod
la morue	salt cod
l'églefin (M)	haddock
le haddock	smoked haddock
le hareng	herring
le maquereau	mackerel
le saumon (fumé)	(smoked) salmon
la truite	trout
le thon	tuna
les crustacés (M)	shellfish
la crevette	prawn

le homard	lobster
le crabe	crab
l'huitre (F)	oyster
la moule	mussel
le filet	fillet
les produits laitiers	dairy products
le lait	milk
le lait entier/écrémé/ demi-écrémé	full-cream/skimmed/ semi-skimmed milk
la crème	cream
le beurre	butter
le fromage	cheese
le yaourt	yoghurt
le fromage blanc	fromage frais
l'œuf (M)	egg
le végétarien/ la végétarienne	vegetarian
la recette	recipe
le pain	bread
le petit pain	bread roll
le pain complet	wholemeal bread
le pain de seigle	rye bread
cru	raw
cuit	cooked
frais/fraîche	fresh
alléchant	tempting
difficile	difficult/fussy
quasiment	practically, almost
élevé en plein air	free-range

Language in action

- Tu as bientôt terminé?
- Ça y est presque. Il ne me reste plus qu'à passer au rayon boucherie.
- Mais, je te croyais végétarien?
- Je le suis! Seulement depuis que j'ai recueilli ce chat errant l'été dernier, je dépense quasiment autant en viande et en poisson que pour mes propres repas. Pourtant, au début Loustic n'était même pas gourmand. Puis lui et moi, nous avons découvert les boîtes de pâtée et leurs alléchantes recettes : "Truite Saumon Carottes", "Foie-Volaille aux petits légumes" et j'en passe. Depuis il est devenu terriblement difficile, je lui achète du blanc de poulet et du jambon. À quand le bœuf cru? Le comble, c'est que quand ma voisine fait du poulet ou des filets de hareng, ce vaurien a encore le culot de déserter l'appartement pour aller mendier chez elle.

l'outil (M)	tool
le tournevis	screwdriver
le marteau	hammer
le ciseau	chisel
la clé	spanner, monkey wrench
la pince	pliers
la perceuse (électrique)	(electric) drill
la fiche	plug
la scie	saw
le rabot	plane
les ciseaux	scissors
le pinceau	paintbrush
le rouleau	roll/roller
le bac	tray (for paint, plaster, etc.)
l'escabeau (M)	stepladder
le clou	nail
la vis	screw
le fil de fer	wire
le trou	hole
la colle	glue
le ciment	cement
le plâtre	plaster
le décapant	paint stripper
le papier de verre	sandpaper
la peinture	paint
la laque	gloss paint
le vernis	varnish
le papier peint	wallpaper
le carreau	tile
le carrelage	tiling
le bois	wood
le plastique	plastic
le métal	metal
l'acier (M)	steel
l'inox (M)	stainless steel
le fer	iron
le cuivre	copper
le laiton	brass
les dimensions (F)	measurements
la largeur	width
la longueur	length
le métal	metal
le verre	glass

épais/épaisse	*thick*
fin/fine	*fine, thin*
étroit	*narrow*
large	*wide*
mince	*thin*
long/longue	*long*
court	*short*
résistant	*tough*
imperméable	*waterproof*
étanche	*watertight*
construire	*to build, construct*
monter	*to put up, put together*
assembler	*to put together, assemble (kit)*
installer	*to install, put in*
mesurer	*to measure*
couper	*to cut*
scier	*to saw*
coller	*to glue*
visser	*to screw*
réparer	*to repair*
utiliser	*to use*
percer un trou	*to drill a hole*
une planche d'un mètre de large/long	*a piece of wood a metre wide/ long*
une pendaison de crémaillère	*a house-warming*

Language in action

lundi matin au bureau :

- Tu as l'air fatiguée. Comment s'est passée l'installation de ta cuisine intégrée?

- Tout bien considéré, ça s'est plutôt bien déroulé, mais je ne pensais pas que ce serait aussi long. Heureusement que des amis se sont relayés pour me donner un coup de main. L'artisan n'a terminé la pose du carrelage que jeudi. On a donc dû attendre vendredi soir pour s'attaquer aux peintures. Le samedi, j'ai emprunté un second escabeau à mon voisin pour qu'on puisse tapisser plus vite et il m'a proposé de nous aider à assembler les éléments. J'imaginais qu'il suffirait de percer des trous dans les murs et de visser mais dans cette vieille maison, rien n'est de niveau. Il a fallu scier, raboter... ça tournait au cauchemar. Finalement on a terminé dans les temps. D'ailleurs, si tu es libre samedi soir, je t'invite à ma pendaison de crémaillère.

la télévision	television
la télé*	TV, telly
la télévision câblée	cable television
l'écran (M)	screen
la télécommande	remote control
la chaîne	channel
l'émission (F)	programme
le documentaire	documentary
la série	series
le feuilleton	soap
le film	film
la pièce de théâtre	play
les informations/infos* (F)	news
le magazine d'information	news programme
le reportage sportif	sports programme
le bulletin météo, la météo*	weather forecast
les publicités, les pubs* (F)	adverts
le clip	pop video
le dessin animé	cartoon
le présentateur/la présentatrice	presenter
le présentateur/la présentatrice du journal télévisé	newsreader
le/la comique	comedian
le magnétoscope	VCR
la radio	radio
le baladeur	personal stereo
le CD/disque compact	CD, compact disk
la platine laser	CD player
la chaîne hi-fi	stereo
le magnétophone	cassette recorder
la musique classique	classical music
l'opéra (M)	opera
la musique pop	pop music
le jazz	jazz
le rock	rock
le rap	rap
le groupe	group/band
le chanteur/la chanteuse	singer
le musicien/la musicienne	musician
la représentation	performance
bon/bonne	good

intéressant	*interesting*
célèbre	*famous, well-known*
chouette*, génial*	*great*
extra*	*fabulous*
comique, drôle, marrant*	*funny*
hilarant	*hilarious*
préféré, favori/favorite	*favourite*
émouvant	*moving*
convaincant	*convincing*
mauvais	*bad*
ennuyeux/-euse, casse-pieds*	*boring*
affreux/-euse	*awful, terrible*
nul/nulle	*terrible, rubbish* (adj)
avant	*before*
après	*after*
pendant	*during*
bien	*well*
écouter	*to listen (to)*
entendre	*to hear*
regarder	*to watch, look at*
voir	*to see*
apprécier	*to appreciate*
préférer, aimer mieux	*to prefer*
détester	*to hate, detest*
manquer de	*to lack*

Language in action

Aurélie (13 ans) - Tu boudes, petite sœur? Qu'est-ce qui ne va pas?

Camille (10 ans) - Papa et maman vont au théâtre. Alexandra va venir nous garder!

- Ah non! Pas encore! On n'a pas besoin d'elle, on n'est plus des bébés. Et d'abord, elle m'agace à se donner des airs avec sa musique classique.

- Lucie n'est pas mieux, elle n'entend jamais quand on lui parle, avec son baladeur.

- Peut-être, mais elle au moins, elle ne nous oblige pas à écouter sa musique ni à regarder ses émissions préférées. Ce soir on va devoir se contenter d'un documentaire et à neuf heures Alex nous enverra au lit pour s'installer tranquillement devant un film stupide. C'est nul! Enfin, d'ici quelques années, c'est moi qui ferai la baby-sitter et alors on pourra regarder des clips et des feuilletons toute la nuit ou louer des films d'horreur.

le cinéma	*cinema*
le film	*movie, film*
la séance	*showing*
le film policier/d'horreur	*detective/horror movie*
le film d'aventures	*adventure movie*
le film d'animation	*cartoon*
l'histoire d'amour (F)	*love story*
la séance	*show, showing*
les sous-titres (M)	*subtitles*
le public	*audience*
l'acteur/l'actrice (M/F)	*actor/actress* (in film)
la vedette	*star*
le traître	*villain*
le méchant	*baddie*
l'intrigue (F)	*plot*
le metteur en scène	*director*
la mise en scène	*direction*
la projection en avant-première	*preview*
le théâtre	*theatre*
la scène	*stage*
le rideau	*curtain*
les coulisses (F)	*wings*
l'orchestre (M)	*stalls/orchestra*
le balcon	*circle*
la place	*seat* (theatre, cinema)
le bureau de location	*booking office*
le vestiaire	*cloakroom*
l'entrée des artistes (F)	*stage door*
la pièce (de théâtre)	*play*
la représentation	*performance*
le spectacle	*show*
le ballet	*ballet*
la danse	*dance/dancing*
la comédie	*comedy*
la tragédie	*tragedy*
le comédien/la comédienne	*actor/actress* (in theatre)
l'artiste (M/F)	*performer*
le danseur/la danseuse	*dancer*
le personnage	*character*
le héros/l'héroïne	*hero*
le bis	*encore*
l'opéra (M)	*opera/opera house*

la salle de concert	concert hall
le concert	concert
le cirque	circus
le grand chapiteau	big top
le clown	clown
la discothèque	disco
la boîte (de nuit)	(night)club
la piste	dance floor

amusant	amusing, entertaining
captivant	thrilling
terrifiant	terrifying
troublant	disturbing
dur	hard-hitting
étonnant	surprising, astonishing
réussi	successful
raté	unsuccessful
décevant	disappointing
tiré de	based on
fidèle à	faithful to

sous-titré	subtitled
un film à succès	a box-office success
en version originale/VO	with original soundtrack
sur scène	on the stage
réserver des places	to book seats
on se retrouve où?	where shall we meet?
je passerai te prendre	I'll call round for you
ça m'a beaucoup plu	I really liked it
sorti cette semaine	on release this week
dans l'ensemble	as a whole

Language in action

- Pierre Hotin, vous avez assisté pour nous à la projection en avant-première de quelques-uns des films qui sortiront mercredi dans les salles. Y en a-t-il un que vous recommanderiez plus particulièrement à nos auditeurs?
- Eh bien, comme le faisait fort justement remarquer l'un de vos invités, les films sortis cette semaine sont dans l'ensemble assez décevants. Les personnages sont peu crédibles et le scénario manque souvent d'originalité. Je saluerai par contre l'heureuse initiative d'une petite salle classée art et essai, le Thémaciné, qui propose une rétrospective des adaptations de romans au cinéma. Tous les genres sont représentés (comédie, policier, épouvante...) et les films sélectionnés l'ont été en fonction du respect de l'intrigue et de la qualité de leur mise en scène. Seul inconvénient: ils sont pour la plupart en VO non sous-titrée.

la lecture	*reading*
l'écrivain (M)	*writer*
l'auteur (M)	*author*
le rédacteur/la rédactrice	*editor*
l'éditeur (M)	*publisher*
le journalisme	*journalism*
le/la journaliste	*journalist*
le reporter	*reporter*
le correspondant	*correspondent*
la presse (sérieuse)	*(quality) press*
la presse de sensation	*tabloid press*
le journal (de dimanche)	*(Sunday) newspaper*
la revue	*magazine*
la revue d'actualité/ d'informatique	*news/computer magazine*
le magazine (de luxe)	*(glossy) magazine*
le magazine féminin/ masculin	*women's/men's magazine*
le magazine de mode	*fashion magazine*
l'abonnement (M)	*subscription*
les gros titres (M)	*headlines*
l'article (M)	*article*
la rubrique	*section, column*
les affaires (F)	*business*
la politique	*politics*
l'actualité (F)	*current affairs*
la page sport	*sports page*
les petites annonces (F)	*small ads*
la critique	*review*
les mots croisés (M)	*crossword(s)*
la bande dessinée/BD*	*comic strip/book*
la photo	*photo*
le scandale	*scandal*
le problème	*problem*
le livre, le bouquin*	*book*
la fiction	*fiction*
le roman	*novel*
la science-fiction	*science-fiction, sci-fi*
le roman policier	*detective novel*
la biographie	*biography*
l'autobiographie (F)	*autobiography*
l'histoire (F)	*story/history*
le titre	*title*

la couverture	cover
quotidien/-ienne	daily
hebdomadaire	weekly
mensuel/-elle	monthly
récent	recent
vrai	true
réel/-elle	real
complet/-ète	detailed, full
fictif/-ive	fictional
sérieux/-ieuse	serious
émouvant	moving
stimulant	stimulating
passionnant	exciting, absorbing
absurde	absurd
ridicule	ridiculous
sensationnel/-elle	sensational
provocant	provocative
spécial	special
particulier/-ière	particular
lire	to read
décrire	to describe
raconter	to relate, tell
s'abonner	to subscribe
faire la une	to hit the headlines
il s'agit de...	it's about...
se tenir au courant de	to keep up to date with

Language in action

- Quelle littérature préférez-vous? Classique? Contemporaine?
- J'ai appris à apprécier les deux, notamment grâce à mes rôles au théâtre. En fait, je suis avant tout un lecteur boulimique. Je lis de tout - journaux, magazines, romans, essais...- et cela chaque jour, selon un rite immuable.
- C'est amusant, racontez-nous donc comment se déroule une journée type.
- Les revues auxquelles je suis abonné constituent souvent ma première lecture - elles se trouvent dans le courrier du matin.
- Vous ne commencez pas par les critiques?
- Ça m'arrive mais je les réserve d'ordinaire pour le début d'après-midi, juste après la presse quotidienne. Avant de partir pour le théâtre, je me plonge souvent dans un essai, de préférence philosophique. C'est un moment propice à la concentration. Enfin, la représentation achevée, je m'accorde de délicieux instants de détente grâce à un bon roman.

le groupe	group, band
l'orchestre (M)	orchestra
le musicien/la musicienne	musician
le chef d'orchestre	conductor
l'interprète (M/F)	performer/singer
le compositeur	composer
l'auteur-compositeur	songwriter
le/la parolier/-ière	lyricist
l'instrument (M)	instrument
la flûte à bec	recorder
la flûte	flute
la clarinette	clarinet
le hautbois	oboe
le basson	bassoon
le violon	violin
la viole de gambe	viola
le violoncelle	cello
la contrebasse	double bass
la trompette	trumpet
le trombone	trombone
le saxophone	saxophone
le piano	piano
l'orgue (M)	organ
les percussions (F)	percussion
la harpe	harp
la guitare (sèche/électrique)	(acoustic/electric) guitar
la guitare basse	bass guitar
le baladeur	personal stereo
le tambour	drum
la batterie	drums
la boîte à rythmes	drum machine
le/la pianiste	pianist
le/la violoniste	violinist
le/la guitariste	guitarist
le/la bassiste	bass player
l'archet (M)	bow
la corde	string
la touche	key (on keyboard)
l'air (M)	tune/aria
la mélodie	melody
le timbre	tone
le rythme	rhythm
la chanson	song

la chorale	*choir*
la soprano	*soprano*
le soprano	*treble*
le contralto	*contralto*
le ténor	*tenor*
le baryton	*baritone*
la basse	*bass*
les paroles (F)	*words* (of song/poem)
l'opéra (M)	*opera*
le livret	*libretto*
la partition	*score*
l'accompagnement (M)	*accompaniment*
le clavier (électronique)	*(electronic) keyboard*
le disque compact	*compact disk*
l'enregistrement (M)	*recording*
le tube	*hit*
lancinant	*haunting/insistent*
mélodieux/-ieuse	*melodious*
harmonieux/-ieuse	*harmonious*
la révélation du mois	*the discovery of the month*
une inépuisable pépinière de	*an inexhaustible source of*
remporter un succès d'estime	*to score a success with the critics*
de formation	*by training*
à merveille	*marvellously*
chanter juste/faux	*to sing in tune/out of tune*

Language in action

La révélation du mois

Le groupe *Bohème* représente l'une des bonnes surprises du dernier Printemps de Bourges qui demeure une inépuisable pépinière de talents. Ex-bassiste du groupe *Mistral*, Laurent avait déjà remporté un succès d'estime avec son premier album solo, sorti il y a un an sous un label indépendant. Devenu auteur-compositeur, il avait su créer des mélodies servant à merveille son indéfinissable timbre de voix. Violoniste de formation, Stéphanie a quant à elle abandonné le Conservatoire pour se consacrer à une thèse sur la musique baroque. Ensemble, ils explorent la diversité des musiques ethniques et chacun de leurs titres révèle un nouvel horizon. Des standards du jazz au bon vieux reggae en passant par les chants grégoriens ou les mélodies lancinantes de musiques tribales, tout leur est prétexte à création.

le jeu	*game*
les cartes (F)	*cards*
les échecs (M)	*chess*
le jacquet	*backgammon*
le jeu de dames	*draughts*
le jeu de société	*board game*
le quiz/le jeu de questions-réponses	*quiz*
la lecture	*reading*
le farniente	*lazing about*
les mots croisés (M)	*crossword(s)*
la musique	*music*
le dessin	*drawing*
la peinture	*painting*
le pochoir	*stencil*
la poterie	*pottery*
le modélisme	*model-making*
le kit	*kit*
la collection	*collection*
la photographie	*photography*
l'appareil photo (M)	*camera*
le bricolage	*DIY*
la menuiserie	*carpentry*
la cuisine	*cooking*
la couture	*sewing*
la tapisserie	*tapestry*
le tricot	*knitting*
la danse	*dancing*
le sport	*sport*
le défi	*challenge*
l'ordinateur (M)	*computer*
l'écran (M)	*screen*
la souris	*mouse*
le clavier	*keyboard*
le disque dur	*hard disk*
la disquette	*diskette*
le cédérom	*CD ROM*
le DVD	*DVD*
le jeu informatique	*computer game*
le jeu vidéo	*video game*
le joy-pad, le bloc de commande	*joy-pad*
le bouton de mise à feu	*fire button*

la manette de jeux	joystick
collectionner	to collect
coudre	to sew
tricoter	to knit
cuisiner	to cook
jouer	to play
chanter	to sing
construire	to build, construct
j'aime bien...	I like...
jouer aux cartes	to play cards
faire une partie de cartes/dames	to have a game of cards/ draughts
jouer d'un instrument	to play an instrument
chanter dans une chorale	to sing in a choir
collectionner les timbres	to collect stamps
faire du modélisme	to do model-making
regarder la télé	to watch TV
écouter la radio	to listen to the radio
écouter de la musique	to listen to music
lancer les dés	to throw the dice
distribuer les cartes	to deal the cards
faire de la marche à pied	to go walking
faire du sport	to do sport
observer les oiseaux	to go birdwatching
mon opiniâtreté à faire	my dogged insistence on doing
inutile de...	no point in...
ton cas est désespéré	you're a hopeless case

Language in action

Des conseils...

- Surtout, pendant l'entretien, mets l'accent sur le fait que tu es très sportive, que tu ne rates jamais une occasion de courir ou de nager et dis que tu es inscrite à l'année dans un club sportif.
- C'est ridicule! Tu es bien placée pour savoir qu'en fait de sport, je pratique plutôt la lecture et le farniente, et que la seule chose qui m'attire parfois au club, c'est le sauna.
- Eh bien soit! Restons dans le vraisemblable mais fais au moins l'effort de montrer que tu aimes les défis, la compétition. Ils y tiennent beaucoup chez Multisport.
- D'accord. Je leur décrirai la jubilation que j'éprouve chaque semaine à t'écraser au Scrabble et mon opiniâtreté à faire pousser fleurs et légumes dans le sol aride de notre jardin.
- Je vois! Inutile d'insister. Ton cas est désespéré.

la brasserie	*bar-restaurant*
la crêperie	*pancake restaurant*
la restauration rapide	*fast food*
le casse-croûte	*snack*
le sandwich (au jambon)	*(ham) sandwich*
le serveur/la serveuse	*waiter/waitress*
le garçon	*waiter*
le menu	*fixed price menu*
la carte	*menu*
la note/l'addition (F)	*bill*
le pourboire	*tip*
le couvert	*place-setting*
l'assiette (F)	*plate*
la fourchette	*fork*
le couteau	*knife*
la cuillère	*spoon*
le verre	*glass*
l'apéritif (M)	*pre-meal drink*
le vin blanc/rouge/rosé	*white/red/rosé wine*
le pichet de vin	*jug of wine*
la bière (pression)	*(draught) beer*
la carafe d'eau	*jug of water*
l'eau minérale (F)	*mineral water*
le pain	*bread*
les entrées (F)	*starters*
la soupe (de légumes)	*(vegetable) soup*
les crudités (F)	*assorted vegetable salads*
la salade (de tomates)	*(tomato) salad*
la salade composée	*mixed salad*
le plat du jour	*today's special*
le plat (principal)	*(main) course*
les spécialités régionales (F)	*local specialities*
les viandes (F)	*meat dishes*
les grillades (F)	*grills*
la côtelette	*chop*
le jus (de viande)	*gravy*
la sauce	*sauce*
les poissons (M)	*fish*
les légumes (M)	*vegetables*
les frites (F)	*chips, fries*
le plateau de fromages	*cheese tray*
les pâtisseries (F)	*tarts and pastries*
la crêpe	*pancake*

le gâteau	cake
les glaces (F)	ices
le parfum	flavour
la compote de fruits	stewed fruit
la terrasse ombragée	shady terrace
les toilettes (F)	toilet(s)
à point	medium rare
saignant	very rare
bien cuit	well-done
au four	baked
à emporter	to take away
commander	to order
désirer	to want
essayer	to try
goûter	to taste
payer	to pay
réserver	to book
servir	to serve
verser	to pour
avez-vous choisi?	are you ready to order?
service compris	service included
qu'est-ce que tu prends?	what are you having?
je vais prendre les escargots	I'm going to have the snails
s'il vous plaît!	excuse me! (to waiter/waitress)

Language in action

La crêperie

- Eh bien, que penses-tu de ma modeste cantine?
- L'endroit me plaît beaucoup. En plus l'espace non-fumeur est vaste et bien situé ; souvent il se résume à quelques malheureuses tables près des cuisines ou des toilettes. Ça m'arrangerait assez de réserver quelques tables pour les participants à l'université d'été.
- Ça représenterait quoi? Quinze à vingt couverts? C'est envisageable.
- Tu as déjà fait ton choix? Tu n'as même pas regardé la carte.
- Que veux-tu, j'ai mes habitudes! Une galette "fromage-champignons", une crêpe Suzette et un déca et me voilà prêt à affronter un dur après-midi de labeur.
- Je vais tâcher de me décider avant que le serveur ne vienne prendre notre commande. Si je comprends bien tu n'as pas essayé grand-chose! Je vais tenter la "Saumon à la crème" puis en guise de dessert une "Poires-Frangipane" et comme boisson... une bolée de cidre me semble s'imposer.

le bâtiment	*building*
le monument	*historic building*
l'immeuble (M)	*block/building*
l'immeuble de bureaux	*office block*
la tour (d'habitation)	*tower block*
le parking (souterrain)	*(underground) car park*
l'hôtel (M)	*hotel*
le magasin	*shop*
le marché	*market*
le centre commercial	*shopping centre, shopping mall*
la gare	*station*
la station de métro	*underground station, subway station*
la gare routière	*coach station*
le cinéma	*cinema*
la banque	*bank*
le bureau	*office*
le bureau de poste/la poste	*post office*
l'office du tourisme (M)	*tourist information office*
la mairie/l'hôtel de ville (M)	*town hall*
le château	*castle, stately home*
la tour	*tower*
le beffroi	*belfry, bell tower*
l'église (F)	*church*
la cathédrale	*cathedral*
le cloître	*cloisters*
l'abbaye (F)	*abbey*
la synagogue	*synagogue*
la mosquée	*mosque*
le temple	*Protestant church*
le musée	*museum*
la bibliothèque	*library*
le théâtre	*theatre*
l'opéra (M)	*opera house*
la salle de concert	*concert hall*
l'école (F)	*school*
l'université (F)	*university*
le commissariat de police/la gendarmerie	*police station*
l'hôpital (M)	*clinic/hospital*
la patinoire	*ice rink*
la piscine	*swimming pool*

le stade	sports stadium
la station-service	service station
l'usine (F)	factory

moderne	modern
ancien/-ienne	old
élégant	elegant
impressionnant	impressive
immense	huge
superbe	splendid
pittoresque	picturesque
illuminé	floodlit
public/publique	public
privé	private
nocturne	(at) night

se retrouver	to meet
être situé	to be situated
se trouver	to be

faire du tourisme	to see the sights
un point de repère	a landmark
ouvert au public	open to the public
la vieille ville	the old town
la place principale	the main square
les possibilités d'hébergement	accommodation options

Language in action

L'office du tourisme

- Bonjour, pourrions-nous avoir un plan de la ville, s'il vous plaît?
- Bonjour! Désirez-vous aussi les horaires des visites guidées?
- À vrai dire nous ne restons que quelques jours, y en aura-t-il d'ici là?
- Mais certainement, ce mois-ci nous organisons également des visites nocturnes dans la vieille ville illuminée. Le départ aura lieu sur la place de l'hôtel de ville, au pied du beffroi.
- Nous aimerions aussi connaître les possibilités d'hébergement et savoir s'il y a près d'ici un parking gratuit.
- Voici une brochure qui vous sera utile. Vous y trouverez les principaux monuments dignes d'intérêt, les musées, les parcs et jardins mais aussi les hôtels et les commerces ainsi que de nombreuses autres informations d'ordre pratique. Je vous recommande tout particulièrement les boutiques des rues piétonnes et la serre équatoriale du jardin botanique.
- Merci, au revoir.

la ville	*town*
le village	*village*
le quartier	*district, neighbourhood*
la banlieue	*suburb*
l'endroit (M)	*place*
la rue	*street*
le boulevard	*wide street/avenue*
le périphérique	*ring road*
la rocade	*bypass*
le rond-point	*roundabout, traffic circle*
le carrefour	*crossroads*
le pont	*bridge*
le chemin	*lane/path/way*
la place	*square*
la rue/la zone piétonne	*pedestrian street/precinct*
la fontaine	*fountain*
le banc	*bench*
la poubelle	*litter bin*
le lampadaire	*street lamp*
la boîte aux lettres	*postbox*
la cabine téléphonique	*telephone box*
l'arrêt de bus (M)	*bus stop*
le trottoir	*pavement*
le coin/l'angle (M)	*corner*
le passage piétons	*pedestrian crossing*
le passage souterrain	*pedestrian subway*
le passage à niveau	*level crossing*
la circulation	*traffic*
les feux de circulation (M)	*traffic lights*
l'embouteillage (M)	*traffic jam*
le parc/jardin public	*park*
le terrain de jeu	*playground*
le mur	*wall*
la clôture	*fence*
le portail	*gate*
l'entrée (F)	*entrance*
la médiathèque	*multimedia library*
demander	*to ask*
chercher	*to look for*
trouver	*to find*
traverser	*to cross*
aller	*to go*
conduire	*to drive*

continuer	*to continue*
tourner	*to turn (off)*
prendre	*to take*
se promener	*to walk/go for a walk*
aller à pied	*to walk/go on foot*
pavé	*cobbled*
loin (de)	*far (from)*
près de	*near*
à côté de	*next to*
en face (de)	*opposite*
à droite /à gauche	*on the right/left*
devant	*in front of*
entre	*between*
en dessous de	*under*
au-dessus de	*over*
là-bas	*over there*
ce n'est pas loin	*it's not far*
c'est tout près	*it's really close to here*
tourner à droite/gauche	*to turn right/left*
aller dans le mauvais sens	*to go in the wrong direction*
revenir/retourner sur ses pas	*to go back the way one came*

Language in action

- Excusez-moi! Pourriez-vous m'indiquer où se trouve la médiathèque Jean Lévy?
- Je suis désolé, ça ne me dit rien du tout. Est-ce qu'on vous a dit que c'était près d'ici?
- Oui, on m'a conseillé de prendre la ligne 1 du métro et de descendre à la station Rihour.
- C'est bizarre, est-ce que vous avez l'adresse?
- Il me semble que oui. Voyons... ça se trouve au... 32/34, rue Édouard Delasalle.
- Ah! Mais bien sûr! C'est la bibliothèque municipale! En fait vous êtes allée dans le mauvais sens en sortant du métro. Vous devez retourner sur vos pas. Arrivée à Rihour, vous prenez la petite rue pavée à main droite, vous tournez ensuite à gauche puis tout de suite à droite, vous faites une centaine de mètres, vous traversez la rue du Molinel et c'est sur votre droite.
- !??
- En fait le plus simple pour vous est sans doute de reprendre le métro pour descendre cette fois à Gare. Il y a une sortie rue du Molinel et ce sera alors la première sur votre gauche.

la banque	*bank*
la caisse d'épargne	*savings bank*
l'agence (F)	*branch*
le bureau	*office/desk*
l'employé/-e (M/F)	*counter assistant*
le distributeur automatique (de billets)	*cashpoint*
le compte (bancaire)	*(bank) account*
le compte d'épargne	*savings account*
le billet (de banque)	*(bank)note*
la pièce (de monnaie)	*coin*
la livre sterling	*pound (sterling)*
la monnaie	*change*
le chèque	*cheque*
le chèque de voyage	*traveller's cheque*
le chéquier/le carnet de chèques	*chequebook*
la carte bancaire	*bank card*
la carte bleue	*credit card*
la pièce d'identité	*proof of identity*
le prêt	*loan*
le prêt logement	*mortgage*
le solde	*balance*
le dossier	*application form/file*
le formulaire	*form*
l'imprimé (M)	*leaflet*
la signature	*signature*
le bureau de poste	*post office*
le comptoir	*counter*
le courrier	*mail, post*
la boîte aux lettres	*postbox*
la levée du courrier	*postal collection*
le facteur	*postman*
le timbre	*stamp*
le distributeur automatique de timbres	*stamp machine*
la lettre	*letter*
la carte postale	*postcard*
l'enveloppe (matelassée) (F)	*(padded) envelope*
le paquet/le colis	*parcel*
le guichet	*counter, desk*
le mandat-poste/mandat postal	*postal order*

le tarif normal/réduit	*first/second class*
la télécarte	*phonecard*
recommandé	*registered*
timbré	*stamped*
écrire	*to write*
signer	*to sign*
affranchir	*to stamp*
envoyer	*to send*
poster/mettre à la poste	*to post*
annuler	*to cancel*
peser	*to weigh*
les heures d'ouverture	*opening hours*
retirer de l'argent	*to withdraw/take out money*
encaisser un chèque	*to cash a cheque*
un relevé d'identité bancaire (RIB)	*form giving bank details*
signer/libeller un chèque	*to sign a cheque*
demander des conseils	*to ask for advice*
un carnet de timbres	*a book of stamps*
un envoi avec accusé de réception	*recorded delivery*
à l'étranger	*abroad*
distribuer le courrier	*to deliver the mail*

Language in action

Le bureau de poste

- Il y a un monde fou! Est-ce que tu crois qu'on va devoir faire la queue?
- Tout dépend de ce que tu as à faire. Pour ma part, je dois simplement affranchir mon courrier et acheter un carnet de timbres. Je peux utiliser le distributeur automatique.
- Tu as vu le panneau lumineux? Ils n'en sont qu'au 36 et le numéro du premier ticket est 56! Malheureusement je n'ai guère le choix. Pour l'envoi de mon dossier de concours, il me faut un recommandé avec avis de réception. En plus, je dois retirer le colis que m'a envoyé l'université et j'aimerais aussi relever ma boîte sur internet.
- Voilà ce que nous allons faire : tu me donnes l'avis que le facteur a laissé dans la boîte aux lettres et je me charge du colis, pendant ce temps tu attends pour passer au guichet. Est-ce que tu peux en profiter pour acheter mes timbres? Il paraît que La Poste vient d'en éditer une très jolie série sur le thème des Fables de La Fontaine. N'oublie pas d'acheter une carte pour utiliser la borne d'accès à internet. À tout de suite!

la voiture	car
le taxi	taxi
le camion	truck
le semi-remorque	articulated truck
le fourgon	van
la caravane	caravan, trailer (US)
le camping-car	camper van
le quatre-quatre	four-wheel drive vehicle
la moto	motorbike
la mobylette	moped
le vélo	bike
le VTT	mountain bike
les transports en commun (M)	public transport
le bus/l'autobus (M)	bus
le car/l'autocar (M)	coach
le train	train
le TGV	high-speed train
le RER	express rail system in Paris region
le wagon	coach (of train)
le métro	underground, subway
la rame de métro	underground train
le billet	ticket
la carte orange™	season ticket (in Paris region)
la navette	shuttle
le bateau	boat
le ferry	ferry
le navire	ship
l'avion (M)	aeroplane
l'autoroute (à péage) (F)	(toll) motorway, freeway
la bretelle	slip road
la route nationale	A road
la voie	lane (on road)
le trajet	journey
la distance	distance
la destination	destination
la vitesse	speed/gear
le chauffeur	driver
le passager	passenger
l'auto-stoppeur/-euse (M/F)	hitchhiker
le code de la route	highway code

le parking (souterrain)	(underground) car park
la station d'essence	petrol station
l'aire de services (F)	(motorway) services
l'aire de stationnement (F)	parking area
voyager	to travel
partir	to leave/set off
arriver	to arrive
se diriger vers	to make for (a place)
conduire	to drive
s'arrêter	to stop
se garer	to park
monter	to get on
descendre	to get off
voyager en train/car	to travel by train/coach
aller à pied	to go on foot
aller en avion/en voiture/ en vélo	to go by plane/car/bike
prendre le ferry	to take the ferry
le tunnel sous la manche	the channel tunnel
rouler à cent kilomètres-heure	to travel at 100 kilometres an hour
faire de l'auto-stop/faire du stop*	to hitchhike
les heures de pointe	the rush hour
rester coincé dans les embouteillages	to be stuck in traffic jams
bien/mal desservi	well/badly served

Language in action

- Est-ce que tu es décidé à accepter ce poste à Paris?
- À vrai dire, j'hésite encore. Les loyers y sont très élevés, je n'aurai plus la possibilité de me rendre au travail à pied ou en vélo comme c'est le cas ici. Ça me manquera. Qui plus est, il ne sera pas question de prendre la voiture, je déteste rester coincé dans les embouteillages. Je serai donc condamné aux transports en commun, RER, bus, métro... La perspective n'est guère réjouissante.
- D'un autre côté, avec toutes ces stations de métro et ces arrêts de bus, on peut aller n'importe où en un temps record et sans le problème de devoir trouver à se garer. Ici au contraire tout est mal desservi. Tu n'as qu'à vendre ton appartement, louer un studio intra-muros, te procurer une carte orange et profiter de la vie.
- En effet, c'est plutôt tentant... et d'ailleurs, grâce au TGV, je ne serai jamais qu'à trois heures d'ici.

la roue	wheel
la roue avant/arrière	front/rear wheel
la roue de secours	spare wheel
le pneu	tyre
la porte/portière	door
la vitre	window
le pare-brise	windscreen, windshield
l'essuie-glace (M)	windscreen wiper
le pare-chocs	bumper, fender
le phare	headlight
le code	sidelight
le clignotant	indicator
le feu stop	brake light
le capot	bonnet, hood
le coffre	boot, trunk
le moteur	engine
la batterie	battery
le pot d'échappement	exhaust pipe
le radiateur	radiator
le réservoir	fuel tank, gas tank
le bouchon de réservoir	petrol cap
l'essence (sans plomb) (F)	(unleaded) petrol
le diesel/gazole	diesel
l'huile (F)	oil
l'anti-gel (M)	antifreeze
le liquide de frein	brake fluid
le siège	seat
le siège avant	the front seat
le siège arrière	the back seat
la ceinture de sécurité	seatbelt
le volant	steering-wheel
le frein	brake
le frein à main	handbrake
l'accélérateur (M)	accelerator
la vitesse	gear
le levier de vitesse	gearstick
l'embrayage (M)	clutch
l'autoradio (M)	car radio
le tableau de bord	dashboard
le cadran	dial
le voyant	warning light (on dashboard)
le rétroviseur	rearview mirror
la carte grise	car registration papers

la vignette	tax disc
le permis (de conduire)	driving licence
le code de la route	highway code
la boîte à outils	toolbox
le cric	jack
la clé	spanner/key
le manuel	manual
le garage	garage
le garagiste	garage manager
le mécanicien	mechanic
la dépanneuse	breakdown truck
conduire	to drive
démarrer	to start
ralentir	to slow down
freiner	to brake
vérifier	to check
remorquer	to tow
tomber en panne	to break down
avoir un pneu à plat	to have a flat tyre
avoir un pneu crevé	to have a puncture
être en panne sèche/ d'essence	to run out/to have run out of petrol
la voiture ne veut pas démarrer	the car won't start
la batterie est à plat	the battery's flat
avoir un accident	to have an accident
faire des appels de phare	to flash one's headlights

Language in action

- Allô? Le Garage Dupont? Je suis en panne juste à l'entrée de Brémont. Pouvez-vous envoyer quelqu'un pour me dépanner?
- Un instant Madame, je vous passe le mécanicien.
- Allô Madame bonjour. Alors, qu'est-ce qui vous arrive?
- Je n'y comprends rien. Un automobiliste m'a fait des appels de phare. Comme il m'arrive de mal remettre le bouchon du réservoir, je me suis arrêtée sur le bas-côté pour vérifier et maintenant ma voiture ne veut plus démarrer.
- Sur votre tableau de bord, il y a un voyant pour le niveau d'essence, est-ce qu'il est allumé?
- Non bien sûr, je ne suis pas en panne sèche, je viens de remettre de l'essence. Vous ne pourriez pas venir jeter un coup d'œil? Je ne suis même pas à 1 km du garage.
- Je vous envoie plutôt la dépanneuse, de toute façon il faudra remorquer votre véhicule.

la campagne	country(side)
le village	village
le hameau	hamlet
la montagne	mountain
le coteau	hill/hillside
le fleuve	river (flowing into sea)
la rivière	river (flowing into another river)
la rive	river bank
le ruisseau	stream
le lac	lake
la mare/l'étang (M)	pond
le chemin	small road, track
le sentier	footpath
la forêt	forest
le bois	wood
le verger	orchard
l'arbre (fruitier) (M)	(fruit) tree
le pommier	apple tree
le poirier	pear tree
le prunier	plum tree
l'abricotier (M)	apricot tree
le pêcher	peach tree
le terrain	land
la terre	earth/soil
le champ	field
le pré	meadow
la clôture (électrique)	(electric) fence
la haie	hedge
la barrière	gate
la ferme	farm/farmhouse
la cour de ferme	farmyard
l'écurie (F)	stable/cowshed
le hangar	shed/barn
la grange	barn
l'agriculture (F)	farming/agriculture
l'agriculteur/le fermier	farmer
l'ouvrier agricole (M)	farm worker
le vignoble	vineyard
le vigneron	winegrower
l'apiculteur/-trice (M/F)	beekeeper
l'herbe (F)	grass
la fleur sauvage	wild flower

le foin	*hay*
le blé	*wheat*
le maïs	*maize*
l'orge (M)	*barley*
le seigle	*rye*
la paille	*straw*
la culture	*crop*
la récolte	*harvest/crop*
les animaux de ferme (M)	*farm animals*
la vache	*cow*
le bœuf	*bullock*
le bétail (F)	*cattle*
le taureau	*bull*
l'agneau (M)	*lamb*
le mouton	*sheep*
la chèvre	*goat*
le porc	*pig*
la poule	*hen*
le coq	*cock*
le poulet	*chicken*
le canard	*duck*
l'oie (F)	*goose*
le dindon/la dinde	*turkey*
le cheval	*horse*
les produits de la ferme (M)	*farm produce*
le tracteur	*tractor*
la remorque	*trailer*
l'outil (M)	*tool*

Language in action

- En théorie c'est bien joli ces cours "d'éveil à la nature" mais concrètement qu'est-ce que vous proposez?
- On n'a qu'à étudier une région par semaine : le marais poitevin, les volcans d'Auvergne... ça les fera voyager tout en révisant leur géographie.
- Tu plaisantes! Ce qu'il leur faut à ces gamins, c'est prendre l'air, s'exercer à reconnaître les arbres, à identifier les chants d'oiseaux.
- C'est ça! Et pourquoi pas humer l'odeur du foin et traire les vaches!
- Tu ne crois pas si bien dire! L'année dernière la classe de Jacqueline est allée visiter une ferme. Au retour les enfants étaient intarissables. Et d'ailleurs il n'y a pas que l'agriculture, on pourrait les emmener chez un vigneron, un apiculteur, un garde forestier.
- Bien! Débattez-en entre vous. Il me faut une réponse pour lundi.

le lion/la lionne	*lion*
le tigre/la tigresse	*tiger*
l'éléphant/-e	*elephant*
le singe	*monkey*
la guenon	*female monkey*
le gorille	*gorilla*
la girafe	*giraffe*
l'hippopotame (M)	*hippopotamus*
le rhinocéros	*rhinocerous*
le serpent	*serpent*
le zèbre	*zebra*
l'ours/-e	*bear*
le loup/la louve	*wolf*
le renard/la renarde	*fox*
la chouette/le hibou	*owl*
le lièvre	*hare*
le rat	*rat*
la taupe	*mole*
le blaireau	*badger*
le hérisson	*hedgehog*
l'écureuil (M)	*squirrel*
la chauve-souris	*bat*
le vison	*mink*
le cerf	*deer*
la biche	*doe*
le poisson	*fish*
le requin	*shark*
la baleine	*whale*
le dauphin	*dolphin*
la pieuvre	*octopus*
l'oiseau	*bird*
le vautour	*vulture*
l'aigle (M)	*eagle*
le corbeau	*crow*
le merle	*blackbird*
la grive	*thrush*
l'alouette (F)	*lark*
le rouge-gorge	*robin*
le moineau	*sparrow*
l'hirondelle (F)	*swallow*
la queue	*tail*
l'aile (F)	*wing*
la chasse	*hunting*

agile	*agile*
rapide	*fast*
lent	*slow*
agressif/-ive	*aggressive*
docile	*docile*
craintif/-ive	*shy, timid*
chasser	*to hunt*
braconner	*to poach*
pêcher	*to fish*
vivre	*to live*
nidifier	*to nest*
courir	*to run*
voler	*to fly*
se cacher	*to hide*
s'échapper	*to escape*
pourchasser	*to chase*
massacrer	*to slaughter*
veiller sur/protéger	*to protect*
l'animal de compagnie	*domestic animal*
l'animal sauvage	*wild animal*
une réserve ornithologique	*bird sanctuary*
être en voie d'extinction	*to be on the verge of extinction*
être une espèce protégée	*to be a protected species*
suivre la piste de	*to follow the track of*

Language in action

Il existe diverses manières de participer à la protection de la faune.
On peut s'impliquer au sein d'une association pour veiller sur les
espèces protégées, s'opposer au massacre des éléphants, des
dauphins, des bébés phoques, voire s'insurger contre le
braconnage des animaux à fourrure (renard...) ou l'élevage des
visons. On peut aussi prendre part aux débats passionnés que
suscitent la réintroduction dans nos contrées d'ours et de loups ou
le non respect de la réglementation de la chasse. Mais le plus
simple reste encore de conclure avec les hôtes de son jardin un
pacte de non-agression. Recueillir un oiseau blessé pour le faire
soigner, préserver d'une année à l'autre le nid de l'hirondelle,
l'habitat du hérisson, ne plus considérer taupes, lapins et chauves-
souris comme des ennemis irréductibles sont autant de petites
actions que chacun peut accomplir aisément.

la fleur	*flower*
l'arbre (fruitier) (M)	*(fruit) tree*
l'arbuste (M)	*shrub, bush*
le pétale	*petal*
la tige	*stem*
la feuille	*leaf*
le feuillage	*foliage*
la racine	*root*
le tronc	*trunk*
la branche	*branch*
l'écorce (F)	*bark*
la semence	*seed*
la bouture	*cutting*
le pollen	*pollen*
la rose	*rose*
le rosier	*rose bush*
l'œillet (M)	*carnation*
le géranium	*geranium*
la pensée	*pansy*
la jonquille	*daffodil*
la tulipe	*tulip*
le lilas	*lilac*
le lys	*lily*
l'orchidée (F)	*orchid*
l'azalée (F)	*azalea*
l'hortensia (M)	*hydrangea*
la bruyère	*heather*
le pin	*pine*
l'orme (M)	*elm*
le bouleau	*birch*
le hêtre	*beech*
le frêne	*ash*
le sapin	*fir tree*
le saule pleureur	*weeping willow*
le pommier	*apple tree*
le poirier	*pear tree*
le cerisier	*cherry tree*
l'amandier (M)	*almond tree*
le marronnier	*chestnut tree*
l'engrais (M)	*fertilizer*
frais/fraîche	*fresh*
sec/sèche	*dry*

luxuriant	*leafy*
rustique	*hardy*
vivace	*perennial*
ensoleillé	*sunny*
abrité	*sheltered*
humide	*damp, moist*
planter	*to plant*
semer	*to sow*
creuser	*to dig*
arroser	*to water*
mettre de l'engrais	*to fertilize*
couper	*to cut*
tailler	*to prune*
se propager	*to propagate*
sentir	*to smell (of)*
cueillir des fleurs/des fruits	*to pick flowers/ to collect fruit*
donner de l'ombre	*to give shade*
le jardin d'agrément	*pleasure garden*
une composition florale	*a flower arrangement*
l'arbre à feuillage persistant/à feuilles caduques	*evergreen/deciduous tree*
la plante d'intérieur/ d'extérieur	*houseplant/outdoors plant*
en fleurs	*in bloom*
au soleil	*in the sun*
à l'ombre	*in the shade*

Language in action

- Quel magnifique bouquet! Un admirateur inconnu?
- Pas précisément. Chaque mardi le fleuriste livre à ma voisine une de ces superbes compositions florales et à peine a-t-il tourné les talons, qu'elle vient la déposer chez moi. Elle est complètement allergique au pollen, à celui des plantes comme à celui des arbres d'ailleurs. Même les pommiers ou les cerisiers en fleurs la font éternuer. Pourtant elle adore les parfums comme ceux du jasmin, du gardénia, de la rose musquée... mais avec son rhume des foins elle ne supporte aucune fleur chez elle.
- Eh bien, souhaitons pour toi que cette idylle dure longtemps.
- J'en doute, les tulipes jaunes, ça ne serait pas signe de rupture dans le langage des fleurs?
- Quelle imagination débridée! Disons plutôt que c'est la saison des tulipes. Dans quelques semaines tu auras des lys.

le sport	*sport*
la gymnastique d'entretien	*keep-fit*
l'aérobic (M)	*aerobics*
le jogging	*jogging, track suit*
l'athlétisme (M)	*athletics*
la natation	*swimming*
le football	*football*
le basket-ball	*basketball*
le handball	*handball*
la boxe	*boxing*
le cyclisme	*cycling*
le golf	*golf*
le tennis	*tennis*
la voile	*sailing*
la planche à voile	*windsurfing*
le saut en longueur/en hauteur	*long/high jump*
la course	*race*
la course de fond	*long distance race*
la course d'obstacles	*steeplechase*
les arts martiaux (M)	*martial arts*
le judo	*judo*
le patinage sur glace	*ice-skating*
le patin(age) à roulettes/ le roller	*roller-skating*
l'équitation (F)	*horse-riding*
la bombe	*riding hat*
l'échauffement (M)	*warm-up*
le centre/le complexe sportif	*sports centre*
la piscine	*swimming pool*
la course de haies	*hurdles*
le terrain de foot(ball)	*football pitch*
le terrain de basket(-ball)	*basketball court*
le court de tennis	*tennis court*
le ballon	*ball (football, basketball)*
la raquette	*racquet*
la planche de surf	*surfboard*
les patins à roulettes	*roller skates*
les patins en ligne	*line skates*
les baskets (F)	*trainers*
les chaussures de foot(ball)	*football boots*
le maillot de bain	*swimsuit/swimming trunks*
le vélo tout-terrain, VTT	*mountain bike*

le culturisme	*body-building*
les poids (M)	*weights*
sportif/-ive	*keen on sport*
bien	*well*
mal	*bad/badly*
fatigué	*tired*
épuisé	*exhausted*
courir	*to run*
sauter	*to jump*
lancer	*to throw*
shooter, tirer	*to shoot*
marquer un panier/un but	*to score a basket/a goal*
s'entraîner	*to train*
pratiquer un sport	*to play a sport*
jouer au football/au tennis	*to play football/tennis*
être nul en sport	*to be useless at sports*
s'essayer à	*to try one's hand at*
être très sportif/-ive	*to be very sporty*
être courbaturé	*to be stiff, to ache*
j'ai des courbatures dans les jambes	*my legs ache*
je ne me sens pas bien du tout	*I feel awful*

Language in action

- Mais qu'est-ce que c'est que ce bric-à-brac? Tu as dévalisé un magasin de sports?
- C'est tout le contraire! Je vais profiter de la braderie pour revendre tous les équipements aussi onéreux que superflus que j'ai accumulés au fil des années et qui encombrent la cave.
- Super, la planche de surf! Où est-ce que tu en faisais?
- Nulle part, ça, c'était à Bob. Je vais inscrire le prix des autres trucs dessus. Et si quelqu'un veut l'acheter... eh bien elle suivra le même chemin que ma bombe et mes bottes d'équitation, mes raquettes de tennis et de badminton et les divers kimonos prétendument indispensables à la pratique des non moins divers arts martiaux auxquels je me suis essayé. Même les clubs de golf doivent disparaître ; c'est devenu trop mauvais pour mon dos.
- Dis-moi, ce VTT dans ton garage...?
- Tu n'irais pas un peu vite en besogne? C'est celui de Thierry. Mais si on se sépare et qu'il le laisse là, je te fais signe!
- Oh, pardon!

le match	match
le tournoi	tournament
le football/foot*	football
le ballon rond	football
le rugby	rugby
l'athlétisme (M)	athletics
les courses de chevaux (F)	horseracing
l'équipe (F)	team
l'arbitre (M)	referee, umpire
l'entraîneur (M)	coach, trainer
le capitaine	captain
le joueur/la joueuse	player
le footballeur	footballer
le rugbyman	rugby player
le gardien de but	goal keeper
le spectateur/la spectatrice	spectator
le supporter	supporter
le/la fan de football	football fan
le hooligan	hooligan
l'engouement (pour)	the craze (for)
le maillot	shirt
l'avertissement (M)	warning
la faute	foul
le penalty	penalty (in football)
la pénalité	penalty (in rugby)
le stade	the stadium
la cage	goal (the posts)
le filet	net
le point	point
le but	goal
le résultat	result
le match nul	draw
la victoire	victory
la coupe	cup
la médaille	medal
le tournoi	tournament
la compétition	competition
l'épreuve éliminatoire (F)	heat
la finale	final
la saison	season
le/la finaliste	finalist
branché/branchée*	trendy

survolté/survoltée	*highly-charged*
passionnant	*exciting*
difficile	*hard, tough*
épuisant	*exhausting*
populaire	*popular*
favori/favorite	*favourite*
gagnant/gagnante	*winning*
perdant/perdante	*losing*
jouer	*to play*
gagner	*to win*
perdre	*to lose*
battre	*to defeat*
éliminer	*to eliminate*
faire match nul (avec)	*to draw (with)*
attaquer	*to attack*
défendre	*to defend*
participer (à)	*to take part (in)*
s'entraîner	*to train, be in training*
expulser	*to expel*
tirer	*to shoot*
marquer	*to score*
courir	*to run*
faire match nul, un partout	*to draw one all*
arriver en demi-finale	*to reach the semi-final*
supporter une équipe	*to support a team*
battre un record	*to break a record*
quel est le score?	*what's the score?*
une ambiance survoltée	*a highly-charged atmosphere*

Language in action

Une nouvelle évolution positive de l'image du football en France a étendu la popularité de ce sport à un public demeuré jusque-là quasi indifférent. Depuis qu'un club amateur est parvenu à éliminer les professionnels en demi-finale de la Coupe de France, de nouvelles recrues ont rejoint les rangs des supporters. Joueurs et entraîneur se sont prêté de bonne grâce au jeu de l'interview et le stade pourrait bien être désormais le dernier lieu branché. S'intéresser au ballon rond devient un must. Cet engouement atteindra-t-il pour autant par exemple les spectateurs du tournoi du Grand Chelem? Le court central de Roland-Garros n'a certes rien en commun avec l'ambiance survoltée des stades mais en termes de pouvoir médiatique, le footballeur reste une valeur en hausse.

l'exercice (M)	*exercise*
la gymnastique d'entretien	*keep-fit*
l'aérobic (M)	*aerobics*
le jogging, le footing	*jogging*
l'échauffement (M)	*warm-up*
le centre sportif	*sports centre*
la station thermale	*spa*
le gymnase	*gym*
la salle	*hall*
les équipements sportifs (M)	*sports equipment*
le tapis	*the mat*
les poids (M)	*the weights*
les étirements (M)	*stretching exercises*
les pompes (F)	*press-ups*
les flexions (des jambes) (F)	*squats*
la ligne	*figure*
l'alimentation (F)	*diet (what one eats)*
le régime (amaigrissant)	*(slimming) diet*
les fruits (M)	*fruit*
les légumes (M)	*vegetables*
les sucreries (F)	*sweet things*
les aliments gras (M)	*fatty foods*
les hydrates de carbones (M)	*carbohydrates*
les calories (F)	*calories*
les protéines (F)	*proteins*
les vitamines (F)	*vitamins*
les graisses/les matières grasses (F)	*fat(s)*
le cholestérol	*cholesterol*
le sucre	*sugar*
la saccharine	*saccharin*
la dépendance	*addiction (to)*
la toxicodépendance	*drug addiction*
le tabac	*tobacco*
le tabagisme	*tobacco addiction*
la nicotine	*nicotine*
le taux de goudron	*tar content*
la drogue	*drug*
l'alcool (M)	*alcohol*
le fumeur/la fumeuse	*smoker*
le drogué/la droguée	*drug-addict*
l'alcoolique (M/F)	*alcoholic*

sain	*healthy*
ferme	*firm*
corpulent	*stout*
maigre	*thin*
anorexique	*anorexic*
boulimique	*boulimic*
faible	*weak*
fort	*strong*
nourissant/nutritif/-ive	*nutritious*
malade	*ill, sick*
anti-tabac	*anti-smoking*
grossir/prendre du poids	*to put on weight*
avoir des kilos en trop	*to be overweight*
maigrir/perdre du poids	*to lose weight*
fumer	*to smoke*
boire	*to drink*
se droguer	*to take drugs*
suivre une cure de désintoxication	*to undergo detoxification*
une vie saine	*a healthy lifestyle*
les vertus bienfaisantes	*healing properties*
faire du sport	*to play sports*
faire de la gymnastique	*to do exercises*
être en bonne/mauvaise santé	*to be in good/bad health*
être en forme	*to be fit*
faire une cure	*to go for a course of treatment at a spa*
suivre un régime	*to be on a diet*
commencer un régime	*to go on a diet*
arrêter de fumer	*to stop smoking*
les techniques de pointe	*advanced techniques*

Language in action

Institut Némo à Biarritz
Spécialisé dans la cure de remise en forme, les programmes anti-tabac et anti-stress, le centre de thalassothérapie allie des techniques de pointe à la beauté régénératrice d'un cadre naturel. Un médecin nutritionniste vous guidera dans votre choix d'un régime adapté et de nombreux soins viendront en renforcer les effets grâce aux vertus bienfaisantes de l'eau de mer. (Relaxation, massages, douches sous-marines...).

Hébergement à l'hôtel Thalactive
6 nuits, demi-pension, 3 soins par jour 6 590 F
supplément pour l'accès au gymnase et au sauna 590 F

la maladie	*illness*
la grippe	*flu*
le rhume	*cold*
le rhume des foins	*hay fever*
la fièvre	*temperature*
la toux	*cough*
l'éternuement (M)	*sneeze*
le mal de tête	*headache*
le mal de gorge	*sore throat*
le mal de dents	*toothache*
l'indigestion (F)	*indigestion*
la diarrhée	*diarrhoea*
l'intoxication alimentaire (F)	*food poisoning*
l'allergie (F)	*allergy*
l'hépatite (F)	*hepatitis*
le sida	*Aids*
la rougeole	*measles*
la rubéole	*German measles*
la varicelle	*chicken pox*
l'accident (M)	*accident*
la fracture	*fracture*
le plâtre	*plaster cast*
la blessure	*wound*
la foulure	*sprain*
la brûlure	*burn*
l'inflammation (F)	*inflammation*
l'opération/l'intervention (F)	*operation*
l'anesthésie locale/générale	*local/general anaesthetic*
les points de suture (M)	*stitches*
la transfusion sanguine	*blood transfusion*
le cancer (du poumon)	*(lung)cancer*
l'infarctus (M)	*heart attack*
la congestion cérébrale	*stroke*
l'appendicite (F)	*appendicitis*
l'hémorragie (F)	*haemorrhage*
l'os (M)	*bone*
le sang	*blood*
le thermomètre	*thermometer*
la piqûre, l'injection (F)	*injection*
malade	*ill*
blessé	*injured*
cassé	*broken*
grave	*serious*

inconscient	unconscious
mort/morte	dead
tomber	to fall
tomber malade	to fall ill
vomir	to be sick, vomit
attraper	to catch
saigner	to bleed
s'infecter	to become infected
comment vous sentez-vous?	how do you feel?
souffrir de	to suffer from
se sentir bien/mal	to feel well/ill
avoir l'air malade	to look ill
se tordre de douleur	to writhe in pain
avoir mal à la tête	to have a headache
avoir de la fièvre	to have a temperature
je ne me sens pas bien	I don't feel well
ne pas être dans son assiette	to be out of sorts
sérieusement blessé	seriously injured
se cogner la tête	to knock one's head
je me suis cassé la jambe	I've broken my leg
se fouler la cheville	to sprain one's ankle
se rendre à l'évidence	to face the facts

Language in action

- Eh bien, on m'y reprendra à vouloir faire du tourisme gastronomique!
- Pourquoi ça? Cette petite auberge hier soir nous a beaucoup plu à Geneviève et à moi. Les autres aussi l'ont appréciée, on compte même y retourner avant la fin de notre séjour.
- Moi aussi, j'avais trouvé ça très bon mais hier soir j'ai dû appeler un médecin tellement je me sentais mal. Au début, j'ai cru que je faisais une indigestion, que ça allait passer, j'avais juste des nausées et un terrible mal de tête. Mais j'ai vite dû me rendre à l'évidence. Lorsque le médecin est arrivé je me tordais de douleur et j'avais de la fièvre. Il a pris ma tension, m'a fait une piqûre et m'a envoyé aux urgences. Il craignait une appendicite.
Finalement les examens n'ont rien révélé. Le médecin en a conclu qu'il s'agissait soit d'une allergie soit d'une intoxication alimentaire. Il a ajouté que si j'avais dû en mourir ce serait déjà fait. Rassurant, non?

l'hôpital (M)	hospital
la clinique	private hospital
la mutuelle	mutual insurance company
le cabinet	surgery
le centre médico-social/ le dispensaire	health centre
le médecin	doctor
le médecin généraliste	GP, family doctor
le/la dentiste	dentist
le chirurgien	surgeon
le/la spécialiste	specialist
l'infirmier/l'infirmière	nurse
le patient/la patiente	patient
le traitement	treatment
l'examen médical (M)	check-up
le symptôme	symptom
le diagnostic	diagnosis
les services d'urgence (M)	the emergency services
l'ambulance (F)	ambulance
le brancard	stretcher
la salle d'hôpital	hospital ward
la salle d'opération	operating theatre
les urgences (F)	accident and emergency unit
la salle d'accouchement	delivery room
l'analyse (de sang) (F)	(blood) test
la gorge	throat
la poitrine	chest
l'estomac (M)	stomach
le ventre	abdomen, stomach
le dos	back
la cheville	ankle
l'articulation (F)	joint
le cerveau	brain
le cœur	heart
le poumon	lung
le foie	liver
l'appendice (M)	appendix
le rein	kidney
sain/saine, en bonne santé	healthy
faible	weak

délicat/délicate, fragile	*delicate*
urgent/urgente	*urgent*
se plaindre de	*to complain about*
examiner	*to examine*
prescrire	*to prescribe*
diagnostiquer	*to diagnose*
guérir	*to cure*
soigner	*to treat*
faire une radio(graphie)	*to do an X-ray*
opérer	*to operate*
se faire opérer/être opéré	*to have an operation*
comment vous sentez-vous?	*how do you feel?*
est-ce que ça fait mal?	*does it hurt?*
se sentir bien/mal	*to fell well/ill*
être hospitalisé	*to be admitted to hospital*
avoir l'estomac/le cœur fragile	*to have a weak stomach/heart*
garder le lit	*to stay in bed*
appeler le médecin	*to call the doctor*
prendre rendez-vous chez le médecin	*to make an appointment at the doctor's*
appeler une ambulance	*to call an ambulance*
être admis en urgence	*to be admitted as an emergency*
plomber une dent	*to fill a tooth*
arracher une dent	*to take out a tooth*
se porter comme un charme	*to be as fit as a fiddle*

Language in action

- Et Sandrine, comment va-t-elle? Est-ce qu'elle a été opérée de son goître finalement?
- Elle se porte comme un charme.
- L'intervention s'est donc bien passée.
- En réalité c'était surtout psychosomatique. Tu connais Sandrine! Elle a consulté deux endocrinologues pour s'assurer du diagnostic. Puis elle a pris rendez-vous avec un chirurgien et a rencontré l'anesthésiste. Elle a contacté la clinique, a réservé une ambulance et prévenu sa mutuelle. Soudain, à une semaine de la date prévue pour l'opération, elle a décrété qu'elle ne mettrait pas les pieds en milieu hospitalier car c'est là le plus sûr moyen d'attraper Dieu sait quelles maladies. Elle a tout annulé et sa thyroïde va mieux.

le médicament	*medicine*
le pharmacien/la pharmacienne	*pharmacist*
l'ordonnance (F)	*prescription*
le remède	*medicine*
le sirop pour la toux	*cough mixture*
les pastilles pour la gorge (F)	*throat lozenges*
la pommade	*ointment, cream*
le comprimé	*pill, tablet*
la gélule	*capsule*
le suppositoire	*suppository*
l'aspirine (F)	*aspirin*
l'antiseptique (M)	*antiseptic*
l'antibiotique (M)	*antibiotic*
l'analgésique (M)	*painkiller*
le somnifère	*sleeping drug*
le laxatif	*laxative*
le tube	*tube*
le flacon	*bottle*
le sparadrap™, le pansement	*plaster*
la compresse	*compress*
le bandage	*bandage*
le coton hydrophile	*cotton wool*
la trousse de secours	*first-aid kit*
la serviette hygiénique	*sanitary towel*
le tampon	*tampon*
le préservatif	*condom*
la pilule (contraceptive)	*the (contraceptive) pill*
le mal de tête	*headache*
le mal de gorge	*sore throat*
les douleurs d'estomac (F)	*stomach pains*
l'indigestion (F)	*indigestion*
la diarrhée	*diarrhoea*
la fièvre	*temperature, fever*
l'allergie (F)	*allergy*
le rhume des foins	*hay fever*
une douleur à l'oreille	*earache*
le refroidissement	*cold*
la grippe	*flu*
la brûlure	*burn*
le coup de soleil	*sunburn*
la morsure	*bite* (from snake or dog)

la piqûre	*bite, sting (from insect)*
enflé	*swollen*
enroué	*hoarse*
fatigué	*tired*
piquer	*to sting (insect)*
mordre	*to bite (snake or dog)*
se couper	*to cut oneself*
se brûler	*to burn oneself*
attraper un rhume	*to catch a cold*
bander	*to bandage*
avez-vous quelque chose contre la toux?	*have you got anything for a cough?*
quels sont vos symptômes?	*what symptoms do you have?*
se sentir bien/mal	*to feel well/ill*
se sentir moins bien	*to feel worse*
il a mal à la tête/aux articulations	*his head hurts/his joints hurt*
je me suis brûlé	*I've burnt myself*
je me suis coupé le doigt	*I've cut my finger*
j'ai été piqué(e) par un moustique	*I've got a mosquito bite*
avoir un rhume/être enrhumé	*to have a cold*
ça ne s'obtient pas sans ordonnance	*it's not sold over the counter*

Language in action

- Cette fois, il est hors de question que tes copains et toi vous partiez camper en montagne sans une trousse de secours. Je me fiche de savoir que ça fait ringard, tu n'as qu'à leur dire que j'en ai assez que tu improvises des bandages en découpant dans tes T-shirts. Voyons où en est cette liste... Mercurochrome, alcool à 90°, pansements, compresses, voilà qui devrait suffire à désinfecter une plaie. Pour ce qui est des médicaments, de l'aspirine... tiens et puis aussi des pastilles pour la gorge. Un tube de pommade pour les ecchymoses...
- Qu'est-ce que tu as écrit là? Pompe à venin? Enfin maman, il n'y a pas de serpents là où on va!
Tant mieux, c'est déjà ça. Mais ça marche aussi pour les insectes et de toute façon elle va avec le gel contre les piqûres et morsures en tout genre. En plus je serai rassurée de savoir que vous avez tout sous la main, ça m'évitera d'avoir à prendre des somnifères pour dormir.

l'école (F)	(primary) school
le collège	secondary school
le lycée	secondary school (ages 15-18)
la maternelle	nursery school/section
la crèche	nursery
l'élève (M/F)	pupil
l'étudiant/l'étudiante	student
le professeur, le/la prof*	teacher
le maître/la maîtresse	(primary) schoolteacher
l'instituteur/l'institutrice/le professeur des écoles	(primary) schoolteacher
le directeur/la directrice	headmaster/mistress
le directeur adjoint/la directrice adjointe	deputy headmaster/mistress
le professeur d'Université	professor
la classe	classroom/class/lesson
la récréation/la récré*	playtime
le cours (d'anglais)	(English) lesson
la matière	subject
la langue (française)	(French) language
les mathématiques/les maths* (F)	mathematics
l'anglais (M)	English
le français	French
la gymnastique/la gym*	gym
l'éducation physique (F)	physical education
les travaux manuels	arts and crafts
la physique	physics
la chimie	chemistry
la biologie	biology
la géographie	geography
l'histoire (F)	history
le programme d'études universitaires	degree course
la médecine	medicine
l'architecture (F)	architecture
les lettres (F)	arts, humanities
le droit	law
l'économie (F)	economics
la sociologie	sociology, social studies
la psychologie	psychology
la philosophie	philosophy

les études de commerce (F)	*business studies*
la licence (d'anglais)	*(English) degree*
l'uniforme (M)	*uniform*
le cartable/le sac de classe	*school bag*
la cour de récréation	*playground*
la cantine	*canteen*
le gymnase	*gym*
le laboratoire	*laboratory*
la salle de classe	*classroom*
la table	*desk/table*
le tableau	*blackboard*
la craie	*chalk*
le chiffon	*duster*
le manuel	*textbook*
l'ouvrage de référence (M)	*reference book*
le dictionnaire	*dictionary*
le cahier	*exercise book*
le cahier de textes	*homework notebook*
le carnet	*notebook, scratch pad*
la chemise	*folder*
le classeur à anneaux	*ring binder*
la feuille de papier	*sheet of paper*
le stylo à bille/le bic™	*ballpoint pen*
le stylo plume/à encre	*fountain pen*
le crayon	*pencil*
le feutre	*feltpen*
la peinture	*paint*
la règle	*ruler*
la gomme	*eraser*
la calculatrice	*calculator*
l'ordinateur (M)	*computer*
le magnétophone	*tape recorder*
le rétroprojecteur	*overhead projector*
la vidéo (cassette)	*video*
la cassette audio	*tape*
les devoirs (M)	*homework*
l'exercice (M)	*exercise*
la question	*question*
le doute	*doubt, query*
la réponse	*answer*
la rédaction	*essay*
le devoir	*assignment*
la traduction	*translation*
l'examen (M)	*exam*
le vocabulaire	*vocabulary*
les notes (F)	*marks*

difficile	*difficult*
facile	*easy*
correct/correcte	*correct*
incorrect/incorrecte	*incorrect*
intelligent/intelligente	*intelligent*
travailleur/travailleuse	*hard-working*
distrait/distraite	*lacking in concentration/ absent-minded*
turbulent/turbulente	*disruptive*
bavard/bavarde	*talkative, always talking*
médiocre	*weak/poor*
excellent/excellente	*excellent*
sévère, strict	*strict*
s'inscrire	*to enrol (oneself)*
apprendre	*to learn*
penser	*to think*
apprendre par cœur	*to memorize, learn by heart*
enseigner	*to teach*
expliquer	*to explain*
comprendre	*to understand*
redoubler	*to repeat a year*
chercher	*to look up (in book)*
discuter	*to discuss*
poser une question	*to ask a question*
répondre	*to answer*
écrire	*to write*
peindre	*to paint*
dessiner	*to draw*
lire	*to read*
calculer	*to calculate*
copier	*to copy*
corriger	*to correct/mark*
gronder	*to tell off*
punir	*to punish*
réussir	*to pass (exam)*
suspendre	*to suspend*
être en retenue	*to be in detention*
une école publique	*a state school*
une école privée	*a private school*
une école mixte	*a mixed school*
la qualité de l'enseignement est bonne/mauvaise	*the quality of education is good/bad*

prêter attention à	to pay attention
faire ses devoirs	to do one's homework
résoudre un problème	to solve a problem
prendre des notes	to take notes
inscrire un enfant dans une école	to enrol a child in a school
s'inscrire à l'université	to enrol at university
le programme des études	the curriculum/the syllabus
offrir des activités extra-scolaires	to offer extra-curricular activities
l'enseignement primaire/secondaire	primary/secondary(education)
l'enseignement universitaire	higher education
l'examen d'entrée	entry exam
l'examen écrit/oral	oral/written exam
l'examen partiel/final	modular/final exam
se présenter à un examen	to sit an exam
sécher l'école*	to skive off school
manquer l'école	to miss school
un emploi du temps surchargé	a packed timetable
mener une vie/une existence insouciante	lo lead a carefree life

Language in action

- Je te signale que ce que tu as en main n'est jamais qu'un guide des études. Inutile de l'apprendre par cœur!
- Il y a tellement de cours intéressants, j'ai beaucoup de mal à faire mon choix parmi tous ces diplômes. Tu ne te rends pas compte, l'année prochaine on entre à l'université! L'enseignement ne nous sera plus imposé comme au lycée.
- Là, je suis d'accord avec toi. En tout cas, moi je choisirai une licence pas trop difficile avec un minimum d'heures de cours et ensuite je passerai le capes pour devenir prof en collège.
- Il paraît qu'on peut s'inscrire en double cursus. Ça me plairait bien mais là encore j'ai du mal à me décider. Philosophie et physique? Ethnologie et sanskrit?
- Tout dépend de ce que tu veux faire plus tard.
- En fait les études, c'est surtout pour le plaisir d'apprendre des choses en menant une vie insouciante. Avec mon prêt étudiant et des petits boulots je devrais tenir cinq ans. Ensuite je ferai une formation courte en horticulture ou en environnement. Au moins en rentrant le soir chez moi, je n'aurai pas de copies à corriger.

la profession	*profession*
l'emploi (M)	*job/employment*
le chômage	*unemployment*
la société, l'entreprise (F)	*company*
le poste	*position, job*
la place	*place*
le postulant/la postulante	*applicant*
le candidat/la candidate	*candidate*
le cv	*CV*
le formulaire	*form*
les coordonnées (F)	*personal details*
les références (F)	*references*
les qualifications (F)	*qualifications*
la formation	*education*
l'expérience professionnelle (F)	*work/professional experience*
le stage	*work experience*
le contrat	*contract*
le salaire	*salary*
la prime	*bonus*
la commission	*commission*
la prime d'encouragement	*incentive*
la voiture de fonction	*company car*
la formation	*training*
l'apprentissage (M)	*apprenticeship*
la promotion	*promotion*
l'entretien (M)	*interview*
le rendez-vous	*appointment*
le journal	*newspaper*
le licenciement	*dismissal/redundancy*
le licenciement abusif	*unfair dismissal*
les indemnités de licenciement (F)	*redundancy money*
au chômage	*unemployed*
motivé	*motivated*
disponible	*available*
responsable	*responsible*
travailler	*to work*
(re)chercher	*to look for*
offrir	*to offer*
avoir besoin de	*to need*
poser sa candidature	*to apply*

écrire	*to write*
employer	*to employ*
licencier	*to dismiss/make redundant*
l'entretien d'embauche	*job interview*
l'emploi temporaire/ définitif	*temporary/fixed job*
à temps complet/partiel	*full-time/part-time job*
un contrat à durée déterminée/ indéterminée	*fixed-term/permanent contract*
(re)chercher un emploi	*to look for a job*
la page des offres d'emploi	*job offers section*
être au chômage	*to be unemployed*
apprendre sur le tas	*to learn on the job*
travailler à temps complet/à temps partiel	*to work full/part time*
la formation en alternance	*work-based learning*
une période d'essai	*trial period*
des perspectives d'avancement	*promotion prospects*
connaissance du portugais	*knowledge of Portuguese*
parfaite maîtrise de l'anglais	*full command of English*
capacités d'analyse et de décision	*analysis and decision-making skills*
un poste à responsabilités	*a position of responsibility*
quel type d'emploi recherchez-vous?	*what type of job are you looking for?*

Language in action

TRAM Intérim recherche

- Opérateur(trice) de saisie -vitesse impérative
- 3 Réceptionnistes -bonne présentation exigée
- 2 Assistantes commerciales (Word, Excel)
- 6 Standardistes (maîtrise de Word appréciée)
- Comptables expérimentés
- 4 Commerciaux de terrain
- 10 Téléconseillers bilingues espagnol
- Secrétaire de direction (urgent)

la profession/le métier	*profession, job*
le/la fonctionnaire	*civil servant*
l'avocat/l'avocate	*lawyer, solicitor*
le/la juge	*judge*
le médecin, le docteur/la doctoresse	*doctor*
la sage-femme	*midwife*
l'infirmier/-ière	*nurse*
l'assistant social/l'assistante sociale	*social worker*
le/la vétérinaire	*vet*
le chirurgien	*surgeon*
le directeur/la directrice	*director*
l'instituteur/l'institutrice	*(primary) school teacher*
le professeur/le/la prof*	*(secondary) teacher*
le/la comptable	*accountant*
l'ingénieur (M)	*engineer*
l'architecte (M/F)	*architect*
le décorateur/la décoratrice	*interior designer*
le concepteur/la conceptrice	*designer*
l'informaticien/l'informaticienne	*computer scientist*
le programmeur/la programmeuse	*programmer*
le/la journaliste	*journalist*
le/la scientifique	*scientist*
le/la chimiste	*chemist (scientist)*
l'écrivain (M)	*writer*
le musicien/la musicienne	*musician*
le peintre	*painter*
l'artiste (M/F)	*artist*
l'acteur/l'actrice	*actor/actress*
le chanteur/la chanteuse	*singer*
le/la photographe	*photographer*
le traducteur/la traductrice	*translator*
l'interprète (M/F)	*interpreter*
le gérant/la gérante	*manager (of business, shop)*
le vendeur/la vendeuse	*sales assistant*
le représentant/la représentante	*sales representative*
le commerçant/la commerçante	*shopkeeper*

le coiffeur/la coiffeuse	*hairdresser*
le menuisier, le charpentier	*carpenter*
l'électricien/l'électricienne	*electrician*
le plombier	*plumber*
le mécanicien/la mécanicienne	*mechanic*
le/la fleuriste	*florist*
le jardinier/la jardinière	*gardener*
l'agriculteur/l'agricultrice	
le mineur	*miner*
l'ouvrier de chantier (M)	*worker/building worker*
le maçon	*building worker/bricklayer*
l'employé(e) de bureau	*office worker*
le/la secrétaire	*secretary*
le cadre	*executive*
l'homme/la femme d'affaires	*businessman/-woman*
l'agent de nettoyage (M)	*cleaner*
le serveur/la serveuse	*waiter/waitress*
le cuisinier/la cuisinière	*cook*
le facteur/la factrice	*postman/-woman*
le conducteur/ la conductrice de bus	*bus driver*
le conducteur/ la conductrice de train	*train driver*
le chauffeur de taxi	*taxi driver*
le policier	*policeman*
l'agent de police (M)	*policeman/-woman*
le pilote	*pilot*
l'hôtesse de l'air (F)	*air hostess*
le steward	*flight attendant*
la ménagère	*housewife*
le soldat	*soldier*
stimulant	*stimulating*
gratifiant	*gratifying*
satisfait	*satisfied*
professionnel/-elle	*vocational*
travailler comme...	*to work as a...*
gagner sa vie en tant que...	*to earn your living as a...*
un travail bien/mal rémunéré	*a well/badly paid job*
choisir une profession	*to choose a profession*
se réaliser pleinement	*to feel fulfilled*

le bureau	*office/desk*
le service	*department*
la réception	*reception*
le standard	*switchboard*
le poste	*extension*
l'appel (téléphonique) (M)	*(phone) call*
le fax	*fax*
le photocopieur	*photocopier*
la panne	*breakdown*
le classeur	*filing cabinet/file*
le dossier	*file*
la chemise	*folder*
le carnet	*notebook, scratch pad*
la perforatrice	*hole punch*
l'agrafeuse (F)	*stapler*
l'agrafe (F)	*staple*
le trombone	*paperclip*
les ciseaux (M)	*scissors*
le ruban adhésif, le Scotch™	*sellotape™, Scotch tape™*
le blanc/le liquide correcteur	*correcting fluid*
le stylo	*pen*
le stylo à bille	*ballpoint pen*
le crayon	*pencil*
la machine à écrire	*typewriter*
l'ordinateur (M)	*computer*
l'imprimante (F)	*printer*
le directeur général/la directrice générale	*managing director*
le directeur/la directrice du personnel	*personnel manager*
l'employé(e) de bureau	*office worker/clerk*
le/la secrétaire	*secretary*
le/la secrétaire de direction	*PA*
le/la réceptionniste	*receptionist*
le/la collègue	*colleague*
le stagiaire	*trainee*
le bilan	*balance sheet*
le rapport	*report*
la réunion	*meeting*
travailleur/-euse	*hard-working*
paresseux/-euse	*lazy*
efficace, performant	*efficient*
stressant	*stressful*

competitif/-ive	*competitive*
pointer	*to clock in/out*
payer	*to pay*
renvoyer	*to dismiss, sack*
entrer	*to enter*
quitter	*to leave*
se reposer	*to rest*
convenir de faire	*to agree to do*
envoyer un fax	*to send a fax*
passer un appel international	*to make an international call*
je vous passe...	*I'll put you through to...*
la ligne est occupée	*the line is engaged*
restez en ligne, je vous prie	*hold on, please*
les heures de bureau	*office hours*
les horaires flexibles	*flexitime*
le jour de la paie	*pay day*
la pause-café	*coffee break*
les heures supplémentaires	*overtime*
mettre quelqu'un à contribution	*to call upon someone's services*
avoir du travail à rattraper	*to be behind with one's work*

Language in action

Note de service

Bulletins de paie : imprimer en 2 exemplaires ou photocopier avant d'envoyer

Concours : vérifier les dossiers, réclamer les pièces manquantes, envoyer les convocations (candidats, jurés)

Taper les rapports

Congés : mot de passe pour l'accès au logiciel, "youpi"

Courrier : départ à 15 h (vendredi 13 h)

Dossiers archivés : classeurs rouges, état civil ; verts, carrière

Fax : s'adresser au standard (le nôtre est en panne)

Fournitures de bureau : utiliser le carnet de commande du service

Photocopieur : en cas de panne, contacter M. Boin (poste 6253)

Syndicats : réunion de concertation tous les premiers lundis du mois

Téléphone : pas d'appels personnels

le programmeur/la programmeuse	*computer programmer*
l'informaticien/-ienne (M/F)	*computer scientist*
l'ordinateur (M)	*computer*
le PC	*PC*
le portable	*laptop*
le terminal	*terminal*
l'écran (M)	*screen*
le moniteur	*monitor*
le clavier	*keyboard*
la touche	*key*
le curseur	*cursor*
la souris	*mouse*
la mémoire	*memory*
la RAM	*RAM*
la ROM	*ROM*
le disque dur	*hard disk*
l'unité de disquette (F)	*disk drive*
la disquette	*diskette*
le cédérom	*CD-Rom*
le DVD	*DVD*
le matériel informatique	*hardware*
les logiciels (M)	*software*
le système	*system*
le programme	*program*
la fonction	*function*
le menu	*menu*
la fenêtre	*window*
l'icône (F)	*icon*
le fichier	*file*
le document	*document*
le traitement de texte	*word processing*
le tableur	*spreadsheet*
la base de données	*database*
les données (F)	*data*
la Publication Assistée par Ordinateur (PAO)	*desktop publishing*
la sauvegarde	*back-up*
le mot de passe	*password*
le service informatique	*IT department*
le système d'exploitation	*operating system*
l'imprimante (F)	*printer*
la sortie	*printout*

le modem	*modem*
le courrier électronique	*e-mail*
le virus	*virus*
convivial	*user-friendly*
compatible	*compatible*
informatiser	*to computerize*
annuler	*to cancel*
appliquer	*to apply*
se connecter	*to connect*
insérer	*to insert*
installer	*to install*
programmer	*to program*
sauvegarder, enregistrer	*to save*
mettre en mémoire, mémoriser	*to store, save*
copier	*to copy*
couper	*to cut*
coller	*to paste*
un ordinateur convivial	*a user-friendly computer*
une copie pirate/piratée	*a pirate copy*
se connecter/se déconnecter	*to log on/off*
extraire les données	*to retrieve the data*
le système/l'ordinateur s'est planté*	*the system/the computer has crashed*
appuyer sur une touche	*to press a key*
cliquer/double-cliquer	*to click once/twice*

Language in action

L'écho des syndicats

Conséquence prévisible à l'acquisition d'un nouveau matériel informatique, l'installation récente d'un logiciel de gestion du personnel a suscité bien des commentaires. En effet pourquoi commander à grands frais à une société extérieure un programme que les analystes-programmeurs de l'entreprise auraient sans doute pu écrire eux-mêmes? Par ailleurs la session de formation organisée à l'occasion de la livraison du produit a été très décevante. Les deux groupes étaient trop hétérogènes. Une ou deux des employées ont même dû s'initier au double-clic tandis qu'à l'opposé une certaine personne - dont la femme est informaticienne - essayait de "coller" l'intervenant au moyen de questions pernicieuses. La majorité des participants en a surtout profité pour consulter son courrier électronique ou faire le ménage dans ses fichiers.

l'usine (F)	factory
le/la propriétaire	owner
le contremaître/ la contremaîtresse	supervisor
le chef	boss
le patron/la patronne	boss
le travailleur/la travailleuse	worker
l'ouvrier/l'ouvrière	worker
l'apprenti/-e (M/F)	apprentice
le manutentionnaire	warehouseman
la machine	machine
la chaîne d'assemblage	assembly line
l'entrepôt (M)	warehouse
l'atelier (M)	workshop
l'emballage (M)	packing
la caisse, la boîte	box, carton
le poste (du matin/de nuit)	(morning/night) shift
la pause	pause
le salaire	salary
la prime	bonus
la commission	commission
le bulletin de paie	payslip
le chiffre d'affaires	turnover
le syndicat	trade union
le/la syndicaliste	trade unionist
le/la gréviste	striker
la grève	strike
la revendication	demand
le piquet de grève	picket/picket line
le Conseil des prud'hommes	industrial tribunal
l'accident du travail (M)	industrial accident
la prime de risque	danger money
la retraite	retirement
la préretraite	early retirement
la boutique	shop
le magasin	shop
le gérant/la gérante	manager
le/la responsable	manager
l'employé/-e (M/F)	employee
le vendeur/la vendeuse	sales assistant, sales clerk
le commerçant/la commerçante	shopkeeper

le caissier/la caissière	cashier
le client/la cliente	customer
les rayons (M)	shelves
le comptoir	counter
la nourriture	foodstuffs
les marchandises (F)	articles/goods
le produit	product
le stock	stock
la livraison	delivery
mécanique	mechanical
monotone	monotonous
bas/basse	low
serviable	helpful
embaucher	to take on
fermer	to close
pointer	to clock in/out
licencier	to dismiss/make redundant
menacer	to threaten
être/se mettre en grève	to be/go on strike
la grève sur le tas	sit-down strike
la grève du zèle	work-to-rule
la grève générale	general strike
l'augmentation (de salaire)	pay rise
les mesures de sécurité	security measures
être en cours de négociations	to be under negotiation
ça vaut le coup d'œil	it's worth seeing

Language in action

- Et si on profitait de la pause du déjeuner pour aller faire un tour à ce magasin d'usine qui vient d'ouvrir à deux pas d'ici?
- On ne va pas encore aller s'enfermer dans un horrible entrepôt alors qu'il fait si beau dehors! D'ailleurs rien que le mot "usine" suffit à me rappeler mon premier emploi où j'emballais des chocolats à longueur de journée sous l'œil d'un contremaître qui me trouvait toujours trop lente.
- Si tu viens, je te promets que tu ne le regretteras pas. En fait il s'agit d'une trentaine de boutiques réparties sur plusieurs étages. Les usines y liquident leur excédent de stock. On y trouve de nombreux articles dégriffés à des prix incroyables et rien que les vitrines valent le coup d'œil. Le seul qui puisse avoir à y perdre c'est ton compte en banque.

l'Europe (F)	*Europe*
l'Union européenne, l'UE (F)	*European Union, EU*
l'Amérique du Nord/ du Sud (F)	*North/South America*
l'Afrique (F)	*Africa*
l'Australie (F)	*Australia*
l'Asie (F)	*Asia*
la France	*France*
le Royaume-Uni	*United Kingdom*
la Grande-Bretagne	*Great Britain*
l'Angleterre (F)	*England*
l'Écosse (F)	*Scotland*
le Pays de Galles	*Wales*
l'Irlande (F)	*Ireland*
l'Irlande du Nord (F)	*Northern Ireland*
l'Allemagne (F)	*Germany*
l'Autriche (F)	*Austria*
l'Italie (F)	*Italy*
l'Espagne (F)	*Spain*
le Portugal	*Portugal*
la Grèce	*Greece*
la Turquie	*Turkey*
la Hollande	*Holland*
les Pays-Bas (M)	*the Netherlands*
la Belgique	*Belgium*
le Luxembourg	*Luxembourg*
la Suisse	*Switzerland*
la Suède	*Sweden*
la Norvège	*Norway*
la Finlande	*Finland*
le Danemark	*Denmark*
la Pologne	*Poland*
la Russie	*Russia*
la Hongrie	*Hungary*
la Roumanie	*Romania*
la République Tchèque	*Czech Republic*
la Slovaquie	*Slovakia*
l'Inde (F)	*India*
le Pakistan	*Pakistan*
le Bangladesh	*Bangladesh*
la Chine	*China*
le Japon	*Japan*
la Nouvelle-Zélande	*New Zealand*

les États-Unis (M)	United States, USA
le Canada	Canada
les Antilles (F)	West Indies
le Maghreb	the Maghreb
le Maroc	Morocco
la Tunisie	Tunisia
l'Algérie (F)	Algeria
la région	region
la Bretagne	Brittany
la Bourgogne	Burgundy
la Côte d'Azur	French Riviera
le Corse	Corsica
en France	in/to France
au Royaume-Uni	in/to the United Kingdom
vivre en/à...	to live in...
être né(e) en/à...	to be born in...
être de...	to be from...
vouloir connaître	to want to go and see
j'amerais visiter...	I'd like to visit...
tout d'un coup	all at once
arpenter le globe	to globe-trot
vivre retiré du monde	to lead a secluded life

Language in action

- Dis-moi, qui sont cet oncle Augustin et cette tante Gabrielle dont Damien n'a cessé de nous rebattre les oreilles tout le week-end?
- Des originaux! La sœur de ma grand-mère et son mari. Au moment de leur retraite, il y a vingt ans, ils s'étaient mis en tête d'arpenter le globe en tous sens. D'abord ce fut la Chine puis les États-Unis, le Brésil, ... Tous les trois ou quatre ans, ils apprenaient une nouvelle langue et testaient ensuite leurs connaissances sur le terrain. Leurs albums de vacances constituaient un véritable atlas en images.
- Est-ce qu'ils ont vraiment disparu durant leur dernier voyage?
- En tout cas, ils n'en sont pas revenus. Ils étaient censés retracer le parcours d'origine de l'Orient-Express. Une simple balade pour des aventuriers comme eux! Ils nous ont écrit d'Autriche et de Hongrie, puis ... plus rien. Ils ne sont jamais arrivés en Turquie. Les connaissant, on se demande s'il leur est arrivé malheur ou s'ils vivent maintenant retirés du monde, au Tibet ou ailleurs.

51 Nationalities & religions

la nationalité	*nationality*
le Français/la Française	*Frenchman/-woman*
le/la Britannique	*British man/woman*
les Français	*the French*
les Britanniques	*the British*
l'Anglais/l'Anglaise	*Englishman/-woman*
l'Écossais/l'Écossaise	*Scotsman/-woman*
le Gallois/la Galloise	*Welshman/-woman*
l'Irlandais/l'Irlandaise	*Irishman/-woman*
(*other nationality nouns are formed as above*)	
la religion	*religion*
le christianisme	*Christianity*
le catholicisme	*Catholicism*
le protestantisme	*Protestantism*
l'Église orthodoxe	*Orthodox Church*
l'islam (M)	*Islam*
le judaïsme	*Judaism*
l'hindouisme (M)	*Hinduism*
le bouddhisme	*Buddhism*
l'agnosticisme (M)	*agnosticism*
l'athéisme (M)	*atheism*
européen/-éenne	*European*
français	*French*
britannique	*British*
anglais	*English*
écossais	*Scottish*
gallois	*Welsh*
irlandais	*Irish*
espagnol	*Spanish*
portugais	*Portuguese*
italien/-ienne	*Italian*
grec/grecque	*Greek*
allemand	*German*
autrichien/-ienne	*Austrian*
suisse	*Swiss*
hollandais	*Dutch*
belge	*Belgian*
luxembourgeois	*of/from Luxembourg*
suédois	*Swedish*
norvégien/-ienne	*Norwegian*
danois	*Danish*

finlandais	*Finnish*
polonais	*Polish*
russe	*Russian*
hongrois	*Hungarian*
tchèque	*Czech*
slovaque	*Slovakian*
(nord-/sud-)américain/ -aine	*(North/South) American*
(nord-/sud-)africain/ -aine	*(North/South) African*
maghrébin	*Maghrebi*
australien/-ienne	*Australian*
asiatique	*Asian*
indien/-ienne	*Indian*
pakistanais	*Pakistani*
chinois	*Chinese*
japonais	*Japanese*
coréen/-éenne	*Korean*
néo-zélandais	*of/from New Zealand*
canadien/-ienne	*Canadian*
québécois	*of/from Quebec*
marocain	*Moroccan*
tunisien/-ienne	*Tunisian*
algérien/-ienne	*Algerian*
camerounais	*Cameroonian*
congolais	*Congolese*
sénégalais	*Senegalese*
ivoirien/-ienne	*of/from Ivory Coast*
breton/-onne	*Breton*
bourguignon/-onne	*of/from Burgundy*
corse	*Corsican*
réunionais	*of/from Réunion*
chrétien/-ienne	*Christian*
catholique	*Catholic*
protestant	*Protestant*
orthodoxe	*Orthodox*
musulman/-e	*Muslim*
juif/juive	*Jewish*
hindou/-e	*Hindu*
bouddhiste	*Buddhist*

la sidérurgie	*iron and steel industry*
l'industrie navale (F)	*shipbuilding industry*
l'industrie chimique (F)	*chemical industry*
l'industrie pharmaceutique (F)	*pharmaceutical industry*
l'industrie pétrolière (F)	*oil industry*
la métallurgie	*metalworking industry*
l'industrie papetière (F)	*paper industry*
l'industrie verrière (F)	*glass industry*
l'industrie textile (F)	*textile industry*
l'industrie alimentaire (F)	*food industry*
l'industrie laitière (F)	*dairy industry*
la production de viande	*meat-production*
la pêche	*fishing*
l'industrie de la conserve (F)	*canning industry*
l'industrie vinicole (F)	*wine industry*
l'industrie automobile (F)	*car industry*
l'industrie aéronautique (F)	*aeronautics industry*
l'industrie électronique (F)	*electronic industry*
l'industrie informatique (F)	*computer industry*
les arts graphiques (M)	*graphic arts*
l'industrie minière (F)	*mining industry*
le bâtiment	*building industry*
l'industrie du tourisme (F)	*tourist industry*
le champ pétrolifère	*oilfield*
la plate-forme pétrolière	*oil rig*
la raffinerie de pétrole	*oil refinery*
l'oléoduc (M)	*oil pipe*
l'aciérie (F)	*steel mill*
le haut fourneau	*blast furnace*
la verrerie	*glassworks*
la papeterie/la fabrique de papier	*paper mill*
la presse (typographique)	*printing press*
la lainerie	*woollen mill*
la filature (de coton)	*cotton mill*
la scierie	*sawmill*
le chantier naval	*shipyard*
la mine	*mine*
le barrage hydraulique	*hydroelectric dam*
la centrale hydroélectrique	*hydroelectric power station*
la centrale nucléaire	*nuclear power plant*
la centrale thermique	*power station*

l'usine à gaz (F)	*gas works*
l'abattoir (M)	*slaughterhouse*
les machines (F)	*machinery*
progressif/-ive	*gradual*
économique	*economical*
industriel/-ielle	*industrial*
fabriquer	*to manufacture*
produire	*to produce*
élaborer	*to produce, make*
importer	*to import*
exporter	*to export*
investir	*to invest*
extraire (par fusion)	*to smelt*
fondre	*to cast (metal)*
construire	*to build*
imprimer	*to print*
extraire	*to extract*
exploiter	*to operate, exploit*
la reconversion industrielle d'un secteur	*rationalization of a sector*
la subvention de l'état	*government subsidy*
l'aide à l'industrie	*aid to industry*
la cessation d'activité	*cessation of activity*

Language in action

- Qu'est-ce qui te tracasse? Ça ne va pas?
- Je pensais juste au lièvre que j'ai évité de justesse l'autre soir. Tu te souviens, je l'ai même traité d'inconscient pour avoir creusé son terrier entre un aéroport et une autoroute. Finalement on n'est pas mieux lotis que lui. La maison est à quelques kilomètres d'une usine chimique, à l'ouest se trouve l'inévitable centrale nucléaire et le sol est truffé d'anciennes galeries de mine. Quant à notre maison de campagne, qui sait s'ils ne décideront pas un jour d'inonder la vallée pour construire un nouveau barrage hydraulique.
- Moi, ce qui me dégoûte le plus ce sont les élevages en batterie. Quant aux abbatoirs, je préfère encore ignorer s'il y en a dans les environs. Le pire avec les industries c'est qu'à la moindre cessation d'activité, de nombreux ouvriers se retrouvent au chômage pour un moment. Tout compte fait, on n'est vraiment pas les plus à plaindre.

les affaires (F)	*business*
le/la grossiste	*wholesaler*
le détaillant/la détaillante	*retailer*
les bénéfices (M)	*profits*
les gains (M)	*earnings*
les pertes (F)	*losses*
la comptabilité	*accounting/accountancy*
la facture	*invoice*
la vente/les ventes	*sale/sales*
le chiffre	*figure*
l'achat (M)	*purchase*
le marketing/la mercatique	*marketing*
le client/la cliente	*client*
le consommateur/la consommatrice	*consumer*
la concurrence	*competition*
la fusion	*merger*
le marché	*market*
l'économie (F)	*economy*
le secteur	*sector*
l'exportation (F)	*export*
l'importation (F)	*import*
la Bourse	*stock exchange*
le placement/l'investissement (M)	*investment*
l'investisseur/l'investisseuse	*investor*
l'action (F)	*share*
le capital	*capital*
l'actionnaire (M/F)	*shareholder*
l'agent de change (M)	*stockbroker*
l'attentisme (M)	*wait-and-see attitude*
le risque	*risk*
la croissance	*growth*
la faillite	*bankruptcy*
le remaniement	*reorganization*
l'impôt (M)	*income tax*
la TVA (taxe à la valeur ajoutée)	*VAT*
le/la contribuable	*taxpayer*
l'année fiscale	*tax year*
la dette	*debt*
le déficit	*deficit*
la crise	*crisis*

| la récession | *recession* |
| l'inflation (F) | *inflation* |

privé	*private*
géré par l'État	*state-run*
public/publique	*public*
porteur/-euse	*booming/buoyant*

investir	*to invest*
payer	*to pay*
dépenser	*to spend*
gagner	*to earn*
perdre	*to lose*
spéculer	*to speculate*
s'endetter	*to get into debt*
exporter	*to export*
importer	*to import*
diriger	*to lead/head*
nationaliser	*to nationalize*
privatiser	*to privatize*

le monde des affaires	*the business world*
monter une société	*to set up a company*
dégager des bénéfices	*to make a profit*
les valeurs en hausse	*rising share prices*
l'offre et la demande	*supply and demand*
une offre publique d'achat (OPA)	*a takeover bid*
le taux d'intérêt/de change	*interest/exchange rate*
l'économie de marché	*free market economy*

Language in action

- Est-ce que tu ne prends pas un gros risque en quittant ton emploi pour monter une société?
- Je n'en suis pas certaine. L'entreprise dans laquelle je travaillais va être privatisée, il y aura des remaniements. D'un autre côté, pour constituer le capital de départ, il me fallait au moins un associé. J'ai réussi à convaincre deux de mes collègues de se lancer dans l'aventure : l'une d'entre eux est comptable et l'autre s'occupait du marketing. En joignant nos compétences, on devrait former une bonne équipe. Qui plus est, l'informatique est un secteur porteur. On espère même dégager des bénéfices assez rapidement.
- Pourquoi pas, en effet! Somme toute, ce n'est pas pire que d'investir en Bourse.

le PC	PC
le disque dur	hard disk
le modem	modem
la connection	connection
le bit	bit
l'octet (M)	byte
le langage	language
la barre d'outils	toolbar
Internet	Internet
le navigateur	browser
le fureteur	browser
le protocole	protocol
le fournisseur d'accès	provider
le serveur	server
le moteur de recherche	search engine
le chat/le forum de discussion en direct	chatline
le/la cybernaute/ l'internaute (M/F)	net-surfer
le Web	the Web
le Net	the Net
la page Web	web page
le site	site
la page d'accueil	homepage
l'adresse (F)	Web address
le domaine	domain
le lien	link
le lien hypertexte (M)	hypertext link
le courrier électronique/ l'e-mail (M)	e-mail
le message électronique/ le mél	e-mail message
l'adresse e-mail (F)	e-mail address
l'arrobas (F)	@ sign
le carnet d'adresses	address book
les signets (M)	bookmarks
le dossier attaché/la pièce jointe	attachment
la corbeille d'arrivée	in basket
la corbeille de départ	out basket
digital	digital
électronique	electronic
simple	simple

régulièrement	*regularly*
s'initier à	*to learn*
se connecter	*to connect*
accéder à	*to access*
envoyer	*to send*
réacheminer	*to forward*
recevoir	*to receive*
transférer	*to transfer*
détruire	*to delete*
télécharger	*to download*
charger	*to load*
recharger	*to reload*
publier	*to publish*
copier	*to copy*
imprimer	*to print*
sauvegarder, enregistrer	*to save*
l'autoroute de l'information	*the information superhighway*
donner/avoir accès à	*to give/have access to*
le service en ligne	*on-line service*
arrêter le chargement d'une page	*to stop loading a page*
le site Web	*Web site*
relever sa boîte	*to retrieve one's messages*
les messages détruits/ envoyés	*deleted/sent messages*

Language in action

Avec Internet on peut paradoxalement vivre en reclus tout en bénéficiant d'une prodigieuse ouverture sur le monde. Un PC, un modem et bien sûr l'inévitable fournisseur d'accès suffisent à vous propulser dans un univers parallèle. Il est désormais inutile de se déplacer pour faire les courses et même les démarches administratives ne sont plus une corvée grâce aux nombreux sites apparus récemment. Par le biais de la messagerie vos amis peuvent vous contacter à tout moment sans pour autant vous déranger. Moyennant quelques efforts pour s'initier aux smileys et aux règles de la netiquette, on devient vite un internaute passionné, un pro des moteurs de recherche et on ne compte plus les heures passées sur les différents forums. Seul inconvénient : cette obsession de la communication nous éloigne perfidement de ceux parmi nos proches qui ne se sont pas encore convertis au Web.

le tourisme	*tourism*
le voyage autour du monde	*round-the-world trip*
le voyage organisé	*package tour*
le tourisme rural	*cottage holidays*
la croisière	*cruise*
le bord de la mer/la côte	*seaside*
le littoral	*seashore*
la station balnéaire	*seaside resort*
la montagne	*mountain*
le centre touristique	*tourist resort*
la station de ski	*ski resort*
le village vacances	*holiday village*
les vacances en location (F)	*self-catering holiday*
l'hébergement (M)	*accommodation*
le séjour	*stay*
l'hôtel (M)	*hotel*
la chambre d'hôte	*bed and breakfast*
la pension	*guest house*
l'appartement (M)	*apartment*
le gîte rural	*self-catering cottage*
la villa	*villa*
le club de vacances	*holiday camp*
le bungalow, le chalet	*cabin, chalet*
l'auberge de jeunesse (F)	*youth hostel*
l'auberge (F)	*inn*
le camping	*camping/campsite*
la tente	*tent*
la caravane	*caravan*
le syndicat d'initiative/ l'office du tourisme (M)	*tourist office*
l'agence de voyage (F)	*travel agency*
la brochure	*brochure*
la réservation	*booking*
le billet	*ticket*
le prix	*price*
la chambre double/simple	*double/single room*
la salle de bains	*bathroom*
la piscine	*swimming pool*
le voyageur/la voyageuse	*traveller*
le/la touriste	*tourist*
le vacancier/la vacancière	*holidaymaker*
l'excursion (F)	*trip, excursion*

touristique	touristic
pittoresque	picturesque
historique	historical
tranquille	quiet
décontracté	relaxed
animé	lively
programmé	organized, scheduled
voyager	to travel
préparer	to prepare
organiser	to organize
réserver	to book
louer	to rent
se divertir/s'amuser	to enjoy oneself
se détendre	to relax
se reposer	to rest
éviter	to avoid
préférer	to prefer
aller en vacances	to go on holiday
faire du tourisme	to go sightseeing
voyager par ses propres moyens	to travel independently
en saison/hors saison	high/low season
demi-pension	half board
pension complète	full board
petit-déjeuner compris	breakfast included
une chambre avec salle de bains (attenante)	an en-suite room
se sentir bien	to feel good/comfortable

Language in action

- Dépêche-toi de nous trouver un endroit où dormir ce soir, je n'ai pas envie de devoir faire du camping comme avant-hier.
- J'ai appelé les auberges de jeunesse et les gîtes ruraux pendant que tu faisais le plein. Tout est complet.
- Tant pis. Appelle les hôtels, c'est plus cher et beaucoup moins pittoresque mais l'heure tourne. [...]
- Allô, La Cigale Ivre? Bonjour, je voudrais réserver deux chambres simples pour ce soir, s'il vous plaît. Vous n'avez plus qu'une chambre à deux lits? Ça ira très bien... Oui, on prend la formule petit-déjeuner compris [...] pour une nuit [...] au nom de Verlan. Merci. [...]
- Génial cet hôtel, on se trouvera pile à mi-chemin entre la côte et les Gorges du Loup. Si on décide d'y rester quelques jours de plus, on pourra faire des excursions dans les environs. [...]

le voyage	*trip, travel, journey*
l'itinéraire (M)	*itinerary*
la destination	*destination*
la traversée	*crossing*
le vol (régulier/charter)	*(scheduled/charter) flight*
le départ	*departure*
l'arrivée (F)	*arrival*
le retard	*delay*
l'annulation (F)	*cancellation*
la place	*seat (in train or plane)*
l'aéroport (M)	*airport*
le port	*harbour*
la gare	*(railway) station*
le quai, la voie	*platform*
la consigne	*left luggage*
l'horaire (M)	*timetable*
le passager/la passagère	*passenger*
les bagages (M)	*luggage*
le bagage à main	*hand luggage*
la valise	*suitcase*
le sac de voyage	*travel bag*
le sac à dos	*rucksack*
la trousse de toilette	*toilet bag*
l'appareil photo (M)	*camera*
la pellicule	*roll of film*
le plan de la ville	*town plan*
la carte (routière)	*(road) map*
le guide touristique	*tourist guide*
le billet	*ticket*
le billet de classe touriste	*tourist-class ticket*
le billet de classe affaires	*business-class ticket*
le billet de première classe	*first-class ticket*
l'assurance de voyage (F)	*travel insurance*
le passeport	*passport*
le visa	*visa*
le chèque de voyage	*traveller's cheque*
l'hôtel (M)	*hotel*
la réception	*reception*
l'étage (M)	*floor*
la douche	*shower*
la piscine	*swimming pool*

retardé/en retard	*delayed*
complet/complète	*full*
annulé	*cancelled*
tard	*late*
enregistrer	*to check in*
embarquer	*to board*
décoller	*to take off*
atterrir	*to land*
monter	*to get on*
descendre	*to get off*
quitter	*to leave*
arriver	*to arrive*
perdre	*to lose* (luggage)
rater	*to miss* (a flight or connection)
annuler	*to cancel*
attendre	*to wait*
réclamer	*to claim/complain*
se plaindre (de)	*to complain (about)*
indemniser	*to compensate*
restituer	*to return*
rembourser	*to refund*
changer de l'argent	*to change money*
prendre des photos	*to take photos*
assurer la	*to connect with*
correspondance avec	
récupérer ses bagages	*to collect your luggage*
s'encombrer (de)	*to weigh oneself down (with)*
de prime abord	*at first sight*

Language in action

Bien préparer son voyage en train

Le déroulement de déplacements qu'on supposerait de prime abord ne poser aucun problème réserve quelquefois des surprises au voyageur optimiste. Une préparation rigoureuse s'impose si l'on souhaite triompher de correspondances successives et arriver à destination aussi frais et dispos qu'on l'était au moment du départ. Le service qui propose de prendre en charge le transport de vos bagages vous sera d'une aide précieuse. En effet quoi de plus désagréable que de s'encombrer d'une valise qu'il faudra de toute manière mettre en consigne pour visiter un peu la ville entre deux trains? Par ailleurs prévoyez un horaire de remplacement pour chacune des correspondances de votre itinéraire. Savoir que l'on peut être indemnisé en cas de retard prolongé constitue une maigre consolation lorsque l'on vient de rater le dernier train.

la mer	sea
la côte	coast
la falaise	cliff
la baie	bay
le port	port
le port de plaisance	yacht marina
le phare	lighthouse
la plage	beach
la marée (haute/basse)	(high/low) tide
le sable	sand
le rocher	rock
le coquillage	seashell
l'étoile de mer	starfish
l'oursin (M)	sea urchin
la méduse	jellyfish
les algues (F)	seaweed
la vague	wave
le soleil	sun
la piscine	swimming pool
le parasol	sunshade
la chaise-longue	sunbed
la serviette	towel
le maillot de bain	swimsuit
le slip de bain	swimming trunks
le bikini	bikini
le chapeau de soleil	sunhat
la lotion bronzante	tanning lotion
l'huile solaire (F)	suntan oil
le filtre solaire (M)	sunscreen
l'écran total	sunblock
les lunettes de soleil (F)	sunglasses
le pédalo	pedalo
la planche de surf	surfboard
la planche à voile	sailboard
la bouée de sauvetage	rubber ring
le brassard	armband
le gilet de sauvetage	life jacket
le surveillant/la surveillante de baignade	lifeguard
la glace	ice cream
le navire	ship
le bateau (à rames)	(rowing) boat
le yacht	yacht

le voilier	*sailing boat*
le bateau à moteur	*motorboat*
le canot	*dinghy*
ensoleillé	*sunny*
hâlé, bronzé	*tanned*
spectaculaire	*spectacular*
merveilleux/-euse	*wonderful*
propre	*clean*
vraiment, réellement	*really*
nager	*to swim*
se baigner	*to bathe, have a swim*
naviguer	*to sail*
aller faire un tour/se promener	*to go for a walk*
dîner	*to have dinner*
il fait très chaud	*it's very hot*
il fait du soleil	*it's sunny*
prendre le soleil, se faire bronzer	*to sunbathe*
lézarder au soleil	*to bask in the sun*
manger une glace	*to have an ice cream*
faire du surf/de la planche à voile	*to surf/windsurf*
avec vue sur mer	*with a sea view*

Language in action

jeudi 26 juin

Ces jours-ci, dès que le soleil inonde notre bureau, on ne peut s'empêcher de penser aux vacances toutes proches. Comme on vient de terminer le rapport annuel et que nous sommes toutes sur les rotules, il n'est question que de plages de sable fin où il ferait bon lézarder, de bains de soleil ou des mérites comparés du bikini et des glaces à la chantilly. Parfois une tempête se lève sur nos évocations rêveuses de yachts luxueux et de surveillants de baignade séduisants et bronzés. Angélique, en apparence très affairée, traverse le bureau :

" Ce n'est pas parce que vous n'avez rien à faire qu'il faut dégoûter les autres de travailler!"

Est-ce qu'on lui reproche, nous, les brochures d'agences de voyage dont ses tiroirs sont remplis? Enfin pour faire quelque-chose, chacune se met à griffonner sur son bloc (un phare, une étoile de mer, ...) et on se surprend même à souhaiter qu'il y ait des oursins là où elle se baignera.

la montagne	*mountain*
le parc national	*national park*
la réserve naturelle	*natural reserve*
la randonnée	*hiking, trekking*
l'alpinisme (M)	*mountaineering*
l'escalade (F)	*climbing*
la varappe	*(rock) climbing*
le sentier/la piste	*track*
le chemin	*path/road*
la route	*route*
le lac	*lake*
le plan d'eau, l'étang (M)	*lake, pool*
le sac à dos	*rucksack*
le refuge	*refuge*
le camp	*camp*
le camping	*campsite/camping*
le matériel de camping	*camping equipment*
la boussole	*compass*
la tente	*tent*
le sac de couchage	*sleeping bag*
le matelas pneumatique	*air bed*
la torche/la lampe de poche	*torch*
le réchaud à gaz	*camping stove*
la bonbonne de gaz	*gas cylinder*
le feu de camp	*campfire*
le bois	*wood*
les allumettes (F)	*matches*
l'ouvre-boîte (M)	*can-opener*
la boîte de conserve	*tin*
les conserves (F)	*canned food*
le thermos	*Thermos™ flask*
l'anorak (M)	*anorak*
les chaussures de randonnée (F)	*walking/climbing boots*
les chaussures d'escalade (F)	*rock-climbing boots*
le couteau de poche, le canif	*pocket knife*
le piolet	*ice axe*
la corde	*rope*
le campeur/la campeuse	*camper*
l'alpiniste (M/F)	*mountaineer*
le varappeur/la varappeuse	*rock-climber*

le randonneur/la randonneuse	rambler, hiker
le garde forestier	forest ranger
dur, rude	hard
facile	easy
difficile	difficult
différent	different
éloigné, isolé	remote
naturel/-elle	natural
intrépide	intrepid
marcher	to walk
grimper, escalader	to climb
explorer	to explore
découvrir	to discover
dénicher	to find
s'envoler	to be blown away
la vie en plein air	the outdoor life
aller/partir camper	to go camping
faire du camping	to go camping
faire de la marche	to go walking
faire de la randonnée	to go hiking
planter une tente	to pitch a tent
allumer un feu	to light a fire
un cadre naturel	a natural setting
à la lueur de	by the light of
vivre une aventure	to have an adventure

Language in action

- Elles datent de quand ces photos à la fin de l'album?
- De l'été 92. Ce sont les pires vacances que j'ai jamais vécues.
- Tiens j'aurais cru qu'en 92 Daniel et Gilles faisaient encore de la varappe ensemble tout l'été.
- Gilles et moi nous venions de nous rencontrer. On avait prévu de camper dans la forêt de Brocéliande pendant quelques semaines. La région est magnifique et les randonnées ne manquent pas mais les sites à visiter sont parfois difficiles à dénicher et aucun de nous ne savait utiliser correctement une boussole. Peu à peu la tension est montée entre nous. Tout est devenu prétexte à dispute : la bonbonne de gaz vide, la tente qui s'envole au cours d'une tempête... Un jour, j'ai découvert que Gilles avait emmené ses chaussures d'escalade au cas où ça n'irait pas entre nous. Ça a été notre première vraie querelle. Le lendemain, il partait rejoindre ton mari sur leur chère montagne et je restais seule à contempler les lacs.

la montagne	*mountain*
la neige	*snow*
la neige artificielle	*artificial snow*
la chute de neige	*snowfall*
la tempête de neige	*snowstorm/blizzard*
la congère	*snowdrift*
l'avalanche (F)	*avalanche*
le verglas	*ice*
la poudreuse	*powdery snow*
la couche de neige	*layer of snow*
le flocon de neige	*snowflake*
la boule de neige	*snowball*
le ski	*ski*
le ski de fond	*cross-country skiing*
le ski alpin	*downhill skiing*
le saut à skis	*ski jumping*
la luge	*sledge*
le surf des neiges	*snowboarding*
le patin à glace	*ice skate*
la chaussure de ski	*skiboot*
l'après-ski (M)	*snow boot*
la combinaison de ski	*ski suit*
le bâton de ski	*ski stick*
les lunettes de ski (F)	*snow goggles*
le bonnet de laine/de ski	*woolly/ski hat*
le gant	*glove*
les fringues* (F)	*clothes*
la station de ski	*ski resort*
le chalet	*chalet*
la remontée mécanique	*ski lift*
le tire-fesses	*ski tow*
le télésiège	*chair lift*
le téléphérique	*cable car*
la piste de ski	*ski run*
le chasse-neige	*snow-plough*
le canon à neige	*snow-blower*
la patinoire	*ice-rink*
le lac gelé	*frozen lake*
le skieur/la skieuse	*skier*
le moniteur/la monitrice	*ski instructor*
le patineur/la patineuse	*skater*
le débutant/la débutante	*beginner*

neigeux/-euse	snow-covered
gelé	frozen (lake, person...)
transi	frozen (person)
simple	simple
inconscient, téméraire	foolhardy
dangereux/-euse	dangerous
formidable*	great
skier	to ski
patiner	to skate
ralentir	to slow down
tomber	to fall
apprendre	to learn
enseigner	to teach
loger à l'hôtel/chez quelqu'un	to stay at a hotel/with somebody
la première neige de l'année	the first snow of the year
les neiges éternelles	eternal snows
recouvert de neige	snow-covered
faire du surf des neiges/ du snowboard	to snowboard
donner des leçons à	to give lessons to
faire un stage	to do a course
passer toute la matinée/ la journée à faire...	to spend the whole morning/ day doing...
se ridiculiser	to look ridiculous/make a fool of oneself

Language in action

- Pourquoi ne veux-tu pas nous accompagner aux sports d'hiver? Le village vacances et la station de ski sont super. On louerait un grand chalet tous ensemble.
- Je suis un peu fauché ces temps-ci. Alors les skis, la combinaison, tous ces achats en perspective et les frais supplémentaires pour la remontée mécanique, les sorties en boîte...
- Mais voyons! Les skis, tu les loues. Quant au reste, ne t'inquiète pas, je peux te prêter des fringues et on sera sûrement trop crevés pour sortir tous les soirs.
- Et les chutes? Je ne tiens pas à revenir une jambe dans le plâtre. C'est trop dangereux, tous ces skieurs inconscients.
- Ah oui? Parce que le rafting cet été, c'était une promenade de santé, peut-être! Mais j'y suis... tu ne sais pas skier! Eh bien, c'est le moment d'apprendre, il y a des moniteurs pour les débutants.
- Pour me rendre ridicule! Merci bien! Moi, l'hiver, je préfère partir au soleil.

le temps	weather
le climat	climate
le ciel	sky
le soleil	sun
le nuage	cloud
la pluie	rain
l'averse/l'ondée (F)	shower
la neige	snow
le verglas	ice
le gel	frost
la grêle	hail
le brouillard	fog
la brume	mist
le vent	wind
la brise	breeze
l'air (M)	air
la tempête	storm
l'orage (M)	thunderstorm
le tonnerre	thunder
la foudre	lightning
l'éclair (M)	flash of lightning
la chaleur	heat
le froid	cold
la température	temperature
le degré	degree
l'humidité (F)	humidity/dampness
la carte météo(rologique)	weather map
le bulletin météo(rologique)	weather forecast
la pression (atmosphérique)	pressure
la zone de haute/basse pression	area of high/low pressure
le thermomètre	thermometer
le baromètre	barometer
la saison	season
le printemps	spring
l'été (M)	summer
l'automne (M)	autumn
l'hiver (M)	winter
ensoleillé	sunny
nuageux/-euse	cloudy
couvert	overcast
clair, dégagé	clear
pluvieux/-ieuse	rainy

lourd	*sultry, muggy*
orageux/-euse	*stormy*
brûlant	*hot, burning*
froid	*cold*
chaud	*warm*
doux/douce	*mild/warm*
tempéré, clément	*mild*
sec/sèche	*dry*
humide	*damp*
variable	*changeable, unsettled*
pleuvoir	*to rain*
neiger	*to snow*
se rafraîchir	*to get cooler/colder*
s'améliorer	*to improve*
se dégrader	*to deteriorate*
augmenter	*to go up*
baisser	*to go down*
une pluie diluvienne	*torrential rain*
il fait beau/mauvais	*the weather is good/bad*
il fait du soleil	*it's sunny*
il fait lourd	*it's sultry, it's muggy*
il fait vingt-cinq degrés	*it's twenty-five degrees*
il fait chaud/froid	*it's hot/cold*
il y a du brouillard	*it's foggy*
il pleut/il neige	*it's raining/snowing*
le ciel est couvert	*it's cloudy*
il va y avoir de l'orage	*there's going to be a storm*
essuyer un orage*	*to get soaked in a storm*
il va geler	*there's going to be a frost*
quelle belle journée!	*what a lovely day!*

Language in action

Bulletin météo

Les températures aujourd'hui resteront exceptionnellement élevées pour un mois d'avril notamment dans le Bassin parisien, le Pas-de-Calais et la Picardie. Nous assisterons cependant à une lente dégradation du temps à partir de cet après-midi avec un ciel variable et quelques averses sur le Finistère. Chaleur lourde et ciel variable se généraliseront bientôt à toute la France et de nombreux orages éclateront en soirée. D'ici là, le temps demeurera ensoleillé avec des températures maximales de 27 à 29 degrés sur les vallées d'Auvergne et le Lyonnais. Demain nous enregistrerons une baisse des températures. Ondées et éclaircies se relaieront toute la journée sans discontinuer.

le terrain	*terrain*
la montagne	*mountain*
le massif	*massif*
la chaîne de montagnes	*mountain range*
le pic	*peak*
la cime	*top, summit*
le coteau	*hill(side)*
la vallée	*valley*
le plateau	*plateau*
la plaine	*plain*
la forêt	*forest*
la forêt tropicale	*tropical rainforest*
le marais	*marsh(land)*
le fleuve	*river* (flowing into sea)
la rivière	*river* (flowing into river)
l'affluent (M)	*tributary*
le lac	*lake*
le plan d'eau, l'étang (M)	*lake, pool*
la lagune	*lagoon*
la cascade, la chute d'eau	*waterfall*
la source	*spring*
l'embouchure (F)	*mouth, estuary*
la rive	*river bank/ shore*
le cañon/canyon	*canyon*
l'océan (M)	*ocean*
la mer	*sea*
le littoral	*coastline*
la falaise	*cliff*
le golfe	*gulf*
le cap	*cape*
le détroit	*strait*
la baie	*bay*
l'anse (F)	*cove*
le fjord	*fjord*
la calanque	*steep, rocky inlet* (on the French Mediterranean coast)
le marais salant	*salt flat*
l'île (F)	*island*
l'archipel (M)	*archipelago*
le continent	*continent*
la péninsule	*peninsula*
le volcan	*volcano*

le désert	desert
l'oasis (F)	oasis
le rocher	rock
l'iceberg (M)	iceberg
l'apiculteure/-trice (M/F)	beekeeper

montagneux/-euse	mountainous
rocheux/-euse	rocky
plat	flat
vallonné	hilly
accidenté	rugged
boisé	wooded
désertique	desert
fertile	fertile
marécageux/-euse	marshy
élevé, haut	high
en altitude	high (location)
à basse altitude	low-lying
épais/épaisse	thick
un paysage très contrasté	a landscape full of contrasts

Language in action

"Parfois des touristes entrent dans la boutique et me demandent
un pot de miel. Comme ça! Comme si tous les miels se valaient!
Histoire sans doute de prolonger un peu à travers chaque petit
déjeuner leurs vacances dans la région. Aussitôt, c'est plus fort
que moi : je leur explique que le miel, c'est comme le vin, que
rien qu'à son parfum, sa texture, sa couleur, un apiculteur averti
saura vous en indiquer la provenance. Selon qu'elles butinent
dans la vallée, la montagne ou sur les rives d'un lac, les abeilles
produisent des saveurs différentes. Le terrain et les fleurs qui y
poussent n'ont rien à voir. Quand les gens sont sympas, je leur
propose mon miel préféré, celui de la source miraculeuse et je leur
explique comment trouver dans notre épaisse forêt, les sites
sacrés."

l'environnement (M)	environment
l'écosystème (M)	ecosystem
le mouvement écologique	ecology movement
les écologistes (M)	the green party
les Verts (M)	the Greens
le/la bénévole	volunteer
l'énergie solaire/éolienne (F)	solar/wind power
les énergies renouvelables	renewable energy sources
la pollution	pollution
les radiations (F)	radiation
la centrale nucléaire	nuclear power station
la centrale électrique	power station
les déchets radioactifs (M)	toxic/radioactive waste
l'essence au plomb/sans plomb (F)	leaded/unleaded petrol
le dioxyde de carbone	carbon dioxide
le pesticide	pesticide
le mercure	mercury
le recyclage	recycling
le conteneur à verre	bottle bank
la décharge	dump
la catastrophe écologique	environmental disaster
l'accident nucléaire (M)	nuclear accident
les pluies acides (F)	acid rain
le nuage toxique	smog
la marée noire	oil slick
l'incendie de forêt (M)	forest fire
l'effet de serre (M)	greenhouse effect
le réchauffement de la planète	global warming
la désertification	desertification
la catastrophe naturelle	natural disaster
le tremblement de terre	earthquake
l'ouragan (M)	hurricane
la tornade	tornado
l'éruption volcanique (F)	volcanic eruption
l'inondation (F)	flood
la sécheresse	drought
la famine	famine
le fléau	blight/disaster
écologique	ecological
nocif/-ive	harmful
toxique	toxic

polluant	*polluting*
sinistré	*stricken*
environnemental	*environmental*
biodégradable	*biodegradable*
polluer	*to pollute*
décontaminer	*to decontaminate*
protéger	*to protect*
sauver	*to save*
recycler	*to recycle*
incinérer	*to incinerate*
détruire	*to destroy*
dévaster, ravager	*devastate*
avoir une incidence sur	*to affect*
aider	*to help*
un produit qui respecte l'environnement	*an enviromentally-friendly product*
la protection de l'environnement	*the protection of the environment*
réparer les dégâts	*to repair the damage*
le trou dans la couche d'ozone	*the hole in the ozone layer*
le déversement des produits toxiques	*spillage of toxic products*
les produits/les gaz polluants	*polluting products/gases*
non consigné/non recyclable	*non-returnable/non-recyclable*
causer de sérieux dégâts	*to cause great damage*
l'aide internationale	*international aid*

Language in action

Ces dernières années ont vu naître une nouvelle forme de "tourisme", les vacances à vocation écologique ou humanitaire. Malheureusement les occasions de venir en aide aux populations sinistrées ou de réparer les dégâts causés par les tempêtes ou les tremblements de terre ne manquent pas. Elles s'ajoutent même à d'autres fléaux tellement omniprésents (famine, guerre, misère) que pour un peu on s'y habituerait. Dans un tel contexte, les accidents provoqués par l'homme paraissent d'autant plus révoltants et dérisoires. Serait-ce pour le plaisir d'assister à l'un de ces formidables élans de solidarité que ne manque pas d'entraîner chaque nouveau coup du sort que l'on néglige d'entretenir les pétroliers ou que des capitaines peu scrupuleux profitent des marées noires pour dégazer? Les nombreux bénévoles venus nettoyer les plages polluées apprécieront.

63 Social issues

les problèmes sociaux (M)	social issues
le chômage (de longue durée)	(long-term) unemployment
le chômeur/la chômeuse	unemployed person
la drogue	drugs
le drogué/la droguée	drug addict
l'héroïnomane (M/F)	heroin addict
le/la cocaïnomane	cocaine addict
le trafic de drogue	drug dealing
les sans-abri (M)	the homeless
les SDF (sans domicile fixe)	the homeless
la pauvreté/la misère	poverty
la mendicité	begging
le mendiant/la mendiante	beggar
le clochard/la clocharde	vagrant, tramp
l'émigration (F)	emigration
l'immigration (F)	immigration
le/la sans-papiers	illegal immigrant
la marginalisation	marginalization
le marginal/la marginale	dropout
le racisme	racism
le/la raciste	racist
la victime	victim
le terrorisme	terrorism
l'organisation terroriste (F)	terrorist organisation
le/la terroriste	terrorist
l'alerte à la bombe (F)	bomb scare
l'enlèvement (M)	kidnapping
le détournement	hijacking
l'otage (M/F)	hostage
le malaise social	social unrest
la manifestation	demonstration
la grève	strike
la violence	violence
le sida	Aids
le squatter	squatter
les inégalités sociales (F)	social inequality
social	social
illégal	illegal
vulnérable	vulnerable
exclu	excluded
solidaire	united
révolutionnaire	revolutionary

indépendantiste	*pro-independence*
se droguer	*to take drugs*
désintoxiquer	*to detox*
enlever	*to kidnap*
libérer	*to free*
s'évader	*to escape*
maltraiter	*to abuse, mistreat*
placer (en famille d'accueil)	*to foster*
collaborer	*to collaborate*
avoir une incidence sur	*to affect*
la précarité de l'emploi	*job insecurity*
être au chômage	*to be unemployed*
la réinsertion sociale	*social rehabilitation*
dormir à la dure	*to sleep rough*
tabasser*	*to beat someone up*
contaminer quelqu'un	*to pass on an illness to someone*
revendiquer un attentat	*to claim responsibility for an attack*
se montrer solidaire	*to show solidarity*
le manque de solidarité	*lack of solidarity*
les ONG (*organisations non-gouvernementales*)	*NGOs (non-government organizations)*

Language in action

- Comment ça se passe aux urgences, est-ce que tu ne regrettes pas le service Pédiatrie?
- En fait, c'est très différent de ce que j'imaginais. Bien sûr il y a les urgences vitales, infarctus, accidents... Ça, c'est assez impressionnant les premiers temps. Mais l'aspect le plus gratifiant, c'est le besoin que ressentent les patients de trouver une oreille attentive. Les trois-quarts d'entre eux sont des exclus, des marginaux mais pas toujours des drogués en overdose comme on pourrait le croire. Ce sont simplement des gens qui ont perdu leur emploi et vivent dans la pauvreté, parfois la misère. Les services sociaux les effraient. Chez nous par contre, ils ne se sentent pas jugés. Alors ils te parlent... du chômage, du squat, de leurs enfants qui ont été placés. Je fais de mon mieux pour les réconforter, leur redonner le courage de se battre.
- C'est super!
- Oui, sauf qu'après leur départ, je pleure comme une madeleine.

la politique	*politics*
l'homme/la femme politique	*politician*
le gouvernement	*government*
le président/la présidente	*president*
le Premier ministre	*prime minister*
le ministre	*minister*
le Parlement	*parliament*
l'Assemblée nationale (F)	*the French National Assembly*
le sénat	*senate*
le siège	*seat (in parliament)*
le député	*deputy*
le sénateur	*senator*
le parti (politique)	*(political) party*
la démocratie	*democracy*
les élections (F)	*elections*
le référendum	*referendum*
le vote	*vote*
l'électeur/l'électrice	*voter*
l'abstention (F)	*abstention*
le résultat	*result*
l'opposition (F)	*opposition*
la république	*republic*
la monarchie	*monarchy*
le roi/la reine	*king/queen*
la dictature	*dictatorship*
le dictateur	*dictator*
l'autonomie (F)	*autonomy, self-government*
le nationalisme	*nationalism*
le séparatisme	*separatism*
le capitalisme	*capitalism*
le socialisme	*socialism*
le communisme	*communism*
le fascisme	*fascism*
la globalisation	*globalization*
l'UE (F)	*EU*
la paix	*peace*
les droits de l'homme (M)	*human rights*
le Tiers Monde	*Third World*
l'économie de marché (F)	*market economy*

démocratique	*democratic*
juste/injuste	*just/unjust*
équitable/inéquitable	*fair/unfair*
répressif/-ive	*repressive*
totalitaire	*totalitarian*
régional	*regional*
conservateur/-trice	*conservative*
progressiste	*progressive*
libéral	*liberal*
de droite	*right-wing*
de gauche	*left-wing*
fasciste	*fascist*
communiste	*communist*
socialiste	*socialist*
nationaliste	*nationalist*
séparatiste	*separatist*
voter	*to vote*
élire	*to elect*
gouverner	*to govern*
débattre de	*to debate*
protester	*to protest*
manifester	*to demonstrate*
démissionner	*to resign*
promettre	*to promise*
le système/le régime politique	*political system/regime*
être de gauche/de droite	*to be left-wing/right-wing*
les élections régionales/ municipales	*regional/local elections*
se présenter aux élections	*to stand for election*
aller/se rendre aux urnes	*to go to the polls*
la campagne électorale	*political campaign*
le tract	*political leaflet*
la propagande politique	*political propaganda*
la majorité absolue	*absolute majority*
former une coalition	*to form a coalition*
un gouvernement de coalition	*a coalition government*
une défaite écrasante	*a crushing defeat*
la classe ouvrière/ dirigeante	*working/ruling class*
les classes moyennes	*the middle classes*
les pays en voie de développement	*developing countries*

le délit/le crime	*crime* (*criminal act*)
la criminalité	*crime* (*as social problem*)
le vol	*robbery/burglary*
l'agression (F)	*hold-up/mugging*
le braquage*	*bank raid*
le cambrioleur/la cambrioleuse	*burglar*
le malfaiteur	*criminal*
le meurtre/l'assassinat (M)	*murder*
le meurtrier/la meurtrière, l'assassin (M)	*murderer*
les mauvais traitements infligés à un enfant (M)	*child abuse*
les sévices sexuels (M)	*sexual abuse*
l'agression (F)	*aggression/attack/assault*
le viol	*rape*
l'agresseur (M)	*attacker*
le chantage	*blackmail*
l'escroc (M)	*crook*
la police	*police*
le policier	*police officer*
le commissariat de police	*police station*
les aveux (M)	*confession*
le détenu/la détenue	*prisoner*
le mandat	*warrant*
le casier judiciaire	*criminal record*
le tribunal	*tribunal*
l'avocat/l'avocate de la défense	*defence lawyer*
le procureur général	*public prosecutor*
le/la juge	*judge*
le jury	*jury*
le procès	*trial*
la preuve	*proof*
le témoin	*witness*
la peine/la condamnation	*sentence*
la peine capitale	*capital punishment*
la peine de mort	*death penalty*
la condamnation à perpétuité	*life sentence*
l'amende (F)	*fine*
la caution	*bail*
la probation	*probation*

la prison	*prison*
la cellule	*cell*
le détenu/la détenue	*prisoner*
le/la récidiviste	*reoffender*

criminel/-elle	*criminal*
innocent	*innocent*
coupable	*guilty*
présumé	*alleged*
inculpé (de)	*charged (with)*

voler	*to steal*
agresser	*to hold-up/mug*
attaquer	*to assault*
maltraiter	*to abuse*
faire chanter	*to blackmail*
juger	*to try/judge*
faire appel	*to appeal*
libérer	*to free*

la lutte contre la criminalité	*the fight against crime*
commettre un délit/un crime	*to commit a crime*
le vol à main armée	*armed robbery*
les violences conjugales	*domestic violence*
poursuivre quelqu'un en justice	*to take someone to court*
gagner/perdre un procès	*to win/lose a case*
prononcer le verdict	*to pass sentence*
condamner quelqu'un à cinq ans de prison	*to sentence someone to five years' imprisonment*
purger une peine (de prison)	*to serve a (prison) sentence*

Language in action

Hier se tenait à Lille le procès d'une bande d'escrocs aux "affaires" particulièrement prospères depuis des années. Leur tactique, assez ingénieuse il est vrai, consistait dans un premier temps à acheter à des scientifiques travaillant dans des secteurs sensibles de l'industrie et de la recherche des informations qu'ils prétendaient ensuite revendre à la concurrence. En fait des photos prises lors de ces prétendues transactions servaient à faire chanter les apprentis espions. Le chef de la bande, (surnommé Philou l'anguille) est bien connu des services de police. Impliqué à plusieurs reprises dans des braquages de banque, il n'avait jamais été inculpé, faute de preuves. Il a été condamné à cinq ans de prison ferme. [...]

Quick Reference

Numbers

zéro	*nought, zero*
un	*one*
deux	*two*
trois	*three*
quatre	*four*
cinq	*five*
six	*six*
sept	*seven*
huit	*eight*
neuf	*nine*
dix	*ten*
onze	*eleven*
douze	*twelve*
treize	*thirteen*
quatorze	*fourteen*
quinze	*fifteen*
seize	*sixteen*
dix-sept	*seventeen*
dix-huit	*eighteen*
dix-neuf	*nineteen*
vingt	*twenty*
vingt et un	*twenty-one*
vingt-deux	*twenty-two*
vingt-trois	*twenty-three*
trente	*thirty*
trente et un	*thirty-one*
trente-deux	*thirty-two*
quarante	*forty*
quarante et un	*forty-one*
quarante-deux	*forty-two*
cinquante	*fifty*
soixante	*sixty*
soixante-dix	*seventy*
soixante et onze	*seventy-one*
soixante-douze	*seventy-two*
soixante-treize	*seventy-three*
quatre-vingts	*eighty*
quatre-vingt-un	*eighty-one*
quatre-vingt-deux	*eighty-two*
quatre-vingt-dix	*ninety*

Quick Reference

quatre-vingt-onze	*ninety-one*
quatre-vingt-douze	*ninety-two*
cent	*a/one hundred*
cent un	*a hundred and one*
six cents	*six hundred*
six cent trente	*six hundred and thirty*
mille	*a/one thousand*
mille un	*a thousand and one*
trois mille	*three thousand*
cent mille	*a hundred thousand*
un million	*a/one million*
deux millions quatre cent dix mille	*two million four hundred and ten thousand*

premier/ère/1er/-ère	*first*
second/-e	*second* (of two)
deuxième/2e	*second* (of three or more)
troisième	*third*
quatrième	*fourth*
cinquième	*fifth*
sixième	*sixth*
septième	*seventh*
huitième	*eighth*
neuvième	*ninth*
dixième	*tenth*
onzième	*eleventh*
douzième	*twelfth*
treizième	*thirteenth*
quatorzième	*fourteenth*
quinzième	*fifteenth*
seizième	*sixteenth*
dix-septième	*seventeenth*
dix-huitième	*eighteenth*
dix-neuvième	*nineteenth*
vingtième	*twentieth*
vingt et unième	*twenty-first*
trentième	*thirtieth*
quarantième	*fortieth*
soixante-dixième	*seventieth*
quatre-vingtième	*eightieth*
quatre-vingt-dixième	*ninetieth*
centième	*hundredth*
millième	*thousandth*

les cinq derniers/-ières	*the last five*
les trois autres	*the other three*

Quick Reference

tous les deux	*both of them*
une huitaine/dizaine/ quinzaine de jours	*about a week/ten days/a fortnignt*
une douzaine	*a dozen (or so)*
une vingtaine de kilomètres	*about twenty kilometres*
des centaines (de)	*hundreds (of)*
des milliers (de)	*thousands (of)*
un million de personnes	*a million people*

Dates, days, months, seasons

le jour/la journée	*day*
la date	*date*
le mois	*month*
janvier	*January*
février	*February*
mars	*March*
avril	*April*
mai	*May*
juin	*June*
juillet	*July*
août	*August*
septembre	*September*
octobre	*October*
novembre	*November*
décembre	*December*
la semaine	*week*
quinze jours	*fortnight*
lundi	*Monday*
mardi	*Tuesday*
mercredi	*Wednesday*
jeudi	*Thursday*
vendredi	*Friday*
samedi	*Saturday*
dimanche	*Sunday*
le week-end/la fin de semaine	*weekend*
le jour férié	*public holiday*
la saison	*season*
le printemps	*spring*
l'été (M)	*summer*
l'automne (M)	*autumn*
l'hiver (M)	*winter*

Quick Reference

l'an/l'année (M/F)	*year*
l'année bissextile (F)	*leap year*
le siècle	*century*
le millénaire	*millennium*
on est le combien?	*what's the date?*
on est le cinq mai	*today is the fifth of May*
demain, on sera le 12 avril	*tomorrow is the twelfth of April*
la réunion aura lieu le huit septembre	*the meeting is on September the eighth*
nous allons à Lille en octobre	*we're going to Lille in October*
début avril	*at the beginning of April*
fin juillet	*at the end of July*
en mi-septembre	*in mid-September*
l'année dernière en février	*in February last year*
l'année prochaine en mars	*in March next year*
un matin de juin	*a June morning*
les soldes du mois de janvier	*the January sales*
quel jour sommes-nous?	*what day is it?*
nous sommes jeudi	*it's Thursday*
tous les jours	*every day*
tous les deux/trois jours	*every second/third day*
le lundi/le vendredi	*on Mondays/Fridays*
tous les jeudis	*every Thursday*
un jeudi sur deux	*every other Thursday*
lundi en huit	*a week on Monday*
les journaux du dimanche	*the Sunday papers*
en hiver/été/automne	*in winter/summer/autumn*
au printemps	*in spring*
l'été dernier/prochain	*last/next summer*
l'année prochaine/dernière	*next/last year*
un contrat de trois ans	*a three-year contract*
en 1994	*in 1994*
tous les trente-six du mois*	*once in a blue moon*
ça aura lieu la semaine des quatre jeudis!*	*not in a month of Sundays!*

Colours

le blanc	white
le noir	black
le gris	grey
le jaune	yellow
l'orange (M)	orange
le rouge	red
l'écarlate (M)	scarlet
le (rouge) cerise	cherry red
le bordeaux/grenat *(inv)*	maroon
le violet	purple
le bleu	blue
le bleu canard	peacock blue
le bleu ciel	sky blue
le bleu marine	navy blue
le bleu turquoise	turquoise
le vert	green
le vert émeraude	emerald green
le crème	cream
le beige	beige
le marron	brown
le rose	pink

blanc/blanche	white
gris	grey
noir	black
jaune	yellow
orange	orange
orangé	orangey
rouge	red
rougeâtre	reddish
bordeaux, grenat *(inv)*	maroon
violet/violette	purple, violet
bleu	blue
bleuâtre	bluish
vert	green
verdâtre	greenish
crème	cream
beige	beige
doré	golden
argenté	silver

de quelle couleur est..?	what colour is...?
les couleurs de l'arc-en-ciel	the colours of the rainbow

Quick Reference

bleu clair	*light blue*
vert foncé	*dark green*
rouge vif	*bright red*
gris metallisé	*metallic grey*
une chemise verte	*a green shirt*
une chemise vert pâle	*a pale green shirt*
des chaussettes bleu marine	*navy-blue socks*
être un bleu*	*to be inexperienced*
j'ai eu une peur bleue	*I had a bad scare*
c'est un jour à marquer d'une pierre blanche	*it's a red-letter day*

Materials

la matière	*material*
le métal	*metal*
le fer	*iron*
l'acier (M)	*steel*
le cuivre	*copper*
le bronze	*bronze*
le laiton	*brass*
le plomb	*lead*
l'aluminium (M)	*aluminium*
l'étain (M)	*tin*
l'or (M)	*gold*
l'argent (M)	*silver*
le mercure	*mercury*
la terre	*earth*
le charbon	*coal*
la roche	*rock*
la pierre	*stone*
le marbre	*marble*
le granit(e)	*granite*
le ciment	*cement*
le béton	*concrete*
le plâtre	*plaster*
l'argile (F)	*clay*
la porcelaine	*china, porcelain*
la faïence	*earthenware*
le plastique	*plastic*
le liège	*cork*
le caoutchouc	*rubber*
le caoutchouc mousse	*foam rubber*
la colle	*glue*

Quick Reference

le papier	*paper*
le carton	*cardboard*
le verre	*glass*
le bois	*wood*
la paille	*straw*
l'osier (M)	*wicker*
le tissu	*cloth, fabric*
le coton	*cotton*
le lin	*linen*
la laine	*wool*
la soie	*silk*
la fibre acrylique	*acrylic fibre*
le nylon	*nylon*
le lycra™	*lycra™*
le tergal™	*terylene™*
le velours côtelé	*corduroy*
le satin	*satin*
la rayonne	*rayon*
le velours	*velvet*
le cuir, la peau	*leather*
le daim	*suede*
le cuir verni	*patent leather*
l'os (M)	*bone*
la nacre	*mother-of-pearl*
résistant	*resistant/hardwearing*
fragile	*fragile*
dur	*hard*
mou/molle	*soft*
malléable	*malleable*
rêche/rugueux/-euse	*rough*
léger/-ère	*light*
lourd	*heavy*
fabriquer	*to manufacture, produce*
produire	*to produce*
c'est en bois	*it's made of wood*
une table en bois	*a wooden table*
un bracelet en argent	*a silver bracelet*
un pull en laine	*a woollen sweater*
des gants de peau	*leather gloves*

Weights, measures, sizes

le poids	*weight*
le kilo	*kilo*
le gramme	*gram*
la livre	*half kilo*
le litre	*litre*
le demi-litre	*half a litre*
le kilomètre	*kilometre*
le mètre	*metre*
le centimètre	*centimetre*
le millimètre	*millimetre*
le mètre carré/cube	*square/cubic metre*
l'hectare (M)	*hectare*
la douzaine	*dozen*
la demi-douzaine	*half a dozen*
la paire	*pair*
la grande/petite taille	*large/small size*
la taille moyenne	*medium size*
le morceau	*piece*
mesurer	*to measure*
peser	*to weigh (out)*
compter	*to count*
une livre de fraises	*half a kilo of strawberries*
trois cents grammes d'olives	*three hundred grams of olives*
ça pèse trois kilos cinq cents grammes	*it weighs three and a half kilos*
un mètre de tissu	*a metre of fabric*
c'est à deux cents kilomètres d'ici	*it's two hundred kilometres from here*
ça mesure quinze centimètres de long	*it's fifteen centimetres long*
deux mètres sur trois	*two metres by three*
quelle taille faites-vous?	*what size are you?* (clothes)
quelle pointure faites-vous?	*what size are you?* (shoes)
je chausse/je fais du 40	*I take a size 40* (shoes)
avez-vous ce modèle en 42?	*have you got the same thing in a 14?*
taille unique	*one size*
un tas de gens*	*lots of people*
un peu de pain/de lait	*a bit of bread/milk*
un bout de fromage	*a little bit of cheese*

Useful verbs

accepter	to accept	cacher	to hide
accrocher	to hang	cambrioler	to burgle
accueillir	to welcome	casser	to break
acheter	to buy	chanter	to sing
adorer	to adore	charger	to load
agacer	to annoy	chauffer	to heat
agenouiller: s'agenouiller	to kneel	chercher	to look for
		choisir	to choose
agir	to act/behave/work	chuchoter	to whisper
		coincer	to wedge/jam
aimer	to like/love	commander	to order
ajouter	to add	commencer	to begin
aller	to go	comporter	to include/consist of
allumer	to light/turn on		
amener	to bring	comporter: se comporter	to behave oneself
amuser: s'amuser	to have a good time		
		comprendre	to understand/include
amuser	to amuse		
apercevoir	to catch sight of	compter	to count
apercevoir: s'apercevoir de	to notice	conduire	to drive
		conduire: se conduire	to behave oneself
appartenir à	to belong to		
appeler	to call	confier	to entrust/confide
apporter	to bring		
appuyer	to lean/press	confirmer	to confirm
arrêter	to stop/give up	confondre	to confuse/mix up
arriver	to arrive/happen		
		connaître	to know
arriver à	to manage to	conseiller	to advise/recommend
asseoir: s'asseoir	to sit (down)		
assurer	to assure/ensure/insure	construire	to build
		consulter	to consult
atteindre	to reach/affect	contenter	to satisfy
attendre	to wait/expect	contenter: se contenter de faire	to content oneself with doing
atterrir	to land		
attraper	to catch		
augmenter	to increase	continuer	to continue
autoriser	to allow	contourner	to go round
baisser	to lower/turn down	convenir	to agree/admit
		convenir à	to suit
barrer	to block/cross out	coucher: se coucher	to go to bed
bavarder	to talk/chat	couler	to flow
blesser	to hurt/wound	couper	to cut
boire	to drink	courir	to run
bouder	to sulk	coûter	to cost
bouger	to move	couvrir	to cover
bouillir	to boil	craindre	to be afraid of
brancher	to plug in	crever	to burst (tyre)
brûler	to burn	crier	to shout/scream

Quick Reference

croire	to think/believe	éclairer	to light (up)
cuisiner	to cook	écouter	to listen to
déballer	to unpack	écrire	to write
débarrasser	to clear (out)	effrayer	to frighten
débarrasser: se débarrasser de	to get rid of	emballer	to wrap/pack
		embarquer: s'embarquer	to board
déborder	to overflow		
déboucher	to uncork/ unblock	embrasser	to kiss
		emmener	to take
débrancher	to unplug	empêcher	to prevent
débrouiller: se débrouiller	to manage	employer	to employ/use
		emporter	to take (away)
décevoir	to disappoint	emprunter	to borrow
décharger	to unload	encombrer	to clutter up
décider	to decide	endormir: s'endormir	to go to sleep
découvrir	to discover		
décrire	to describe	enlever	to take off/ remove/ kidnap
dédommager	to compensate		
dégoûter	to disgust		
demander	to ask	énerver	to annoy
démarrer	to start	énerver: s'énerver	to get annoyed
déménager	to move		
dépanner	to fix/repair	engager: s'engager à faire	to promise to do
dépasser	to overtake/ exceed		
se dépêcher	to hurry	ennuyer	to bore/bother
dépendre (de)	to depend (on)	enregistrer	to record/check in
dépenser	to spend		
déplacer	to move	entendre	to hear/mean
déplacer: se déplacer	to travel	entêter: s'entêter à faire	to persist in doing
déranger	to disturb	entrer	to go/come in
déshabiller	to undress	envisager de	to plan to
descendre	to go down/get off/out of	envoyer	to send
		épeler	to spell
désirer	to want	éprouver	to feel/ experience
détendre: se détendre	to relax		
		espérer	to hope
devenir	to become	essayer	to try/try on
diminuer	to reduce/ decrease	éteindre	to turn off
		étonner	to surprise
dire	to say/tell	être	to be
discuter	to talk/argue	évanoir: s'évanouir	to faint
disparaître	to disappear		
disputer: se disputer	to argue/fight	excuser	to forgive
		excuser: s'excuser	to apologize
distraire: se distraire	to amuse/enjoy oneself		
		éviter	to avoid
donner	to give	exiger	to demand/ require
dormir	to sleep		
durer	to last/go on for	expliquer	to explain
échouer	to fail	exprimer	to express

Quick Reference

fâcher: se fâcher	to get angry
faillir faire	to nearly do
faire	to do/make
fatiguer	to tire
fermer	to close/shut/turn off
ficher: je m'en fiche	I don't care
fier: se fier à	to trust
flâner	to stroll
fonctionner	to work
fournir	to supply
franchir	to cross
fréquenter	to go around with/go often to
fuir	to run away/leak
fumer	to smoke
gâcher	to waste/spoil
gagner	to win/earn
garder	to keep/look after
garer	to park
geler	to freeze
gémir	to moan
gêner	to bother/embarrass
glisser	to slip/slide
grimper	to climb
grincer	to creak/squeak
habiller	to dress
habiter	to live
habituer: s'habituer à	to get used to
hésiter	to hestitate
heurter	to hit/bump into
ignorer	not to know/ignore
importer	to matter/import
indiquer	to point out/show
injurier	to insult
inquiéter	to worry
inscrire	to enrol/register
insister	to insist
installer	to install
s'installer	to move in/settle/sit down
interdire	to forbid
intéresser	to interest
interroger	to question/ask/test
inviter	to invite
jeter	to throw
joindre	to get hold of/enclose
jouer	to play/act
lâcher	to drop/give way
laisser	to leave/let
lancer	to throw/launch
lever	to raise
lever: se lever	to get up
lire	to read
livrer	to deliver/hand over
loger	to put up/stay
louer	to let/rent/hire
maîtriser	to control/master
manier	to handle
manquer	to miss/lack
marcher	to walk/work
méfier: se méfier de	to distrust
mélanger	to mix (up)
mêler: se mêler de	to meddle in
menacer	to threaten
mener (à)	to lead (to)
mentir	to lie/tell lies
mériter	to deserve
mettre	to put (on)/wear/turn on
monter	to go/come up/get on
montrer	to show/point out
moquer: se moquer de	to make fun of/not care about
mouiller	to wet
mourir	to die
naître	to be born
neiger	to snow
nettoyer	to clean
nouer	to tie/knot
obliger à faire	to force to do
occuper: s'occuper de	to deal with/see to/attend to
oser	to dare
ôter	to take off/take away/remove

oublier	to forget/leave (behind)	prouver	to prove
ouvrir	to open/turn on	quitter	to leave
paraître	to seem/appear	raconter	to tell
parler	to speak/talk	rafraîchir	to cool/get cooler
partager	to share/divide	ralentir	to slow down
partir	to leave/go	ramasser	to pick (up)/collect
passer	to pass/spend/drop in	ranger	to tidy/arrange
patienter	to wait/hold on	rappeler	to remind/ring back
payer	to pay		
pencher	to tilt/lean	rappeler : se rappeler	to remember
penser	to think		
perdre	to lose	rassembler	to gather
permettre	to allow/let	rater	to fail/miss
plaindre	to feel sorry for	rattraper	to catch up with/make up for
plaindre: se plaindre	to complain		
plaisanter	to joke	réagir	to react
pleurer	to cry	recevoir	to receive/get
pleuvoir	to rain	réchauffer	to warm (up)
plier	to fold/bend	réclamer	to demand
porter	to carry/take/wear	reconnaître	to recognize/admit
poser	to put down		
posséder	to own	reculer	to move back/postpone
poursuivre	to chase/continue		
		récupérer	to get back/recover
pousser	to push/grow	refuser	to refuse
pouvoir (faire)	to be able (to do) (I can.. etc.)	regarder	to look (at)/watch/concern
préférer	to prefer		
prendre	to take/have	régler	to pay/sort out/adjust
préparer	to prepare/get ready		
		regretter	to be sorry/regret/miss
présenter	to introduce/present	rejoindre	to meet up (with)/join
prêter	to lend		
prévenir	to tell/warn	relever	to raise/notice
prévoir	to predict/plan	rembourser	to pay back
procurer: se procurer	to obtain/get	remercier	to thank
		remplacer	to replace
profiter de	to take advantage of	remplir	to fill/fill in/carry out
promener	to take for a walk	remuer	to move/stir
		rencontrer	to meet
promener: se promener	to go for a walk	rendre	to give back/hand in
promettre	to promise	renseigner	to give information
proposer	to suggest/offer		
protéger	to protect	renseigner: se renseigner	to find out
protester	to protest		

Quick Reference

rentrer	to go/get home/come in	soigner	to look after
renverser	to knock over/spill	sonner	to ring
répondre	to answer	sortir	to go/come/take/bring out
reposer: se reposer	to (have a) rest	souffler	to blow
réserver	to book/keep	souhaiter	to wish
respirer	to breathe	soulager	to relieve
ressembler	to look like	soulever	to lift/raise
rester	to stay	soupirer	to sigh
retenir	to hold (up)/remember	subir	to be subjected to
réussir	to succeed	suffire	to be enough
réveiller	to wake (someone) up	suivre	to follow
		taire: se taire	to stop talking/be silent
réveiller: se réveiller	to wake up	tenir	to hold
rêver	to dream	terminer	to finish/end
rire	to laugh	tirer	to pull/draw
rouler	to go/drive/cheat	tomber	to fall
		traîner	to dawdle/drag (on)
saisir	to grab/understand/hear	travailler	to work
		traverser	to cross/go through
salir	to dirty	trembler	to shake/tremble
sauter	to jump		
sauver	to save	tremper	to soak
sauver: se sauver	to run away	trouver	to find/think
savoir	to know/know how	utiliser	to use
		valoir	to be worth
sécher	to dry	vendre	to sell
secouer	to shake	venir	to come
sembler	to seem	vérifier	to check
sentir	to smell/feel	verser	to pour
serrer	to grip/tighten	vider	to empty
servir	to serve	vivre	to live
servir: se servir de	to use/help oneself to	voir	to see
		voler	to fly/steal/rob
siffler	to whistle	vouloir	to want/like
signer	to sign	voyager	to travel

Useful adjectives

abrupt	steep/abrupt	acitf/-ive	active
absent	absent/out/away	actuel/-elle	present, current
		admiratif/-ive	admiring
accueillant	welcoming/hospitable	adoptif/-ive	adopted
		affectueux/-euse	affectionate
âcre	pungent	affolant	frightening
		affreux/-euse	awful

Quick Reference

agaçant	annoying	brûlant	burning
âgé	old, elderly	brutal	sudden/violent, brutal
agité	restless/hectic/ bustling	bruyant	noisy
agréable	pleasant, nice	capable	capable
agressif/-ive	aggressive	captivant	fascinating/ gripping
ahuri	amazed/ stunned	casse-pieds*	really annoying
aigre	sour/sharp	célèbre	famous
aimable	kind, nice	censé	supposed
alternatif/-ive	alternative	chaleureux/- euse	warm
ambitieux/-ieuse	ambitious		
aménagé	equipped/ converted	chaque	each, every
		charmant	charming
amer/amère	bitter	châtain	brown (hair)
amical	friendly	chaud	warm/hot
amoureux/-euse	in love	chauve	bald
amusant	amusing, funny/ entertaining	cher/chère	dear
		cinglé*	crazy
ancien/-ienne	former/old	clair	light/clear
angoissé	anxious	classique	classical/classic
animé	lively/busy	climatisé	air-conditioned
annuel/-elle	annual	compétent	competent
antipathique	unpleasant	compliqué	complicated
appétissant	appetizing	confiant	confident
artificiel/-ielle	artificial	compris	included/ including
artisanal	hand-crafted/ traditional		
		confus	confused
assorti	matching	congelé	frozen (food)
atroce	dreadful	connu	known
attirant, attrayant	attractive	conscient	aware/ conscious
aucun	no	content	pleased/happy
autre	other	contrariant	annoying
avantageux/- euse	advantageous	convaincant	convincing
		convenable	suitable/decent
aveugle	blind	convivial	friendly/user- friendly
bancaire	bank		
bavard	talkative	coquin	cheeky/naughty
beau/bel/belle	beautiful/ handsome	costaud	strong, sturdy
		courageux/-euse	brave
bénéfique	beneficial	court	short
bon/bonne	good	crevé	burst/wiped- out, exhausted
bondé	crowded, packed		
		cru	raw
bon marché	cheap	cuit	cooked
bouclé	curly	curieux/-ieuse	curious, nosy/ odd
bouillant	boiling		
branché*	trendy	dangereux/-euse	dangerous
brave	nice, sound	débile*	stupid
bref/-brève	short, brief	décevant	disappointing
brillant	brilliant/shiny		

Quick Reference

décontracté	relaxed, laid-back
décourageant	discouraging
déçu	disappointed
défendu	forbidden
dégoûtant	disgusting
dégoûté	disgusted
délibéré	deliberate
délicat	delicate
délicieux/-ieuse	delicious
démodé	old-fashioned
dépassé	old-fashioned
déplaisant	unpleasant
déprimant	depressing
dernier/-ière	last
déroutant	puzzling
désespéré	desperate
désobéissant	disobediant
désolé	sorry
désordonné	untidy
désorganisé	disorganized
détendu	relaxed
différent	different
difficile	difficult
dingue*	crazy
discutable	questionable
disponible	available
distrait	absent-minded
divers	various
divertissant	entertaining
doré	gold/golden/gilt
doué	gifted
douloureux/-euse	painful
douteux/-euse	doubtful/dubious
doux/douce	soft/mild/gentle/sweet
drôle	funny
dur	hard/tough/difficult
éblouissant	dazzling
éclatant	brilliant
écologique	ecological
économique	economical/economic
écrasant	overwhelming
effarant	amazing
effroyable	dreadful
efficace	effective/efficient
effrayant	frightening
égoïste	selfish
électrique	electric
éloigné	distant
embêtant	annoying
émouvant	moving
ému	moved
encourageant	encouraging
endormi	asleep
énervé	annoyed
enfantin	easy/childish
enflé	swollen
ennuyé	bored
ennuyeux/-euse	boring
énorme	huge
ensoleillé	sunny
enthousiaste	enthusiastic
entier/-ière	whole
entouré de	surrounded by
épais/épaisse	thick
épouvantable	dreadful
épuisant	exhausting
épuisé	exhausted
essoufflé	out of breath
estival	summer
étonnant	surprising, astonishing
étrange	strange
étroit	narrow
éventuel/-elle	possible
évident	obvious
exagéré	exaggerated
excité	excited/thrilled
exigeant	demanding, hard to please
expérimenté	experienced
extra*	fantastic
fabuleux/-euse	fabulous
fâché	angry
facile	easy
fade	tasteless
fameux/-euse	great, first-rate
familial	family
familier/-ière	familiar
fantastique	fantastic
farfelu	bizarre/crazy
fascinant	fascinating
fatigant	tiring
fatigué	tired
fauché*	broke
faux/fausse	wrong/untrue/false
favori/-ite	favourite
ferme	firm

Quick Reference

fermé	closed	impoli	rude
féroce	fierce	important	important/large, considerable
fiable	reliable		
fichu*	done for		
fidèle	faithful	impossible	impossible
fier/fière	proud	impressionnant	impressive
fin/fine	fine/thin/slender	imprévu	unexpected
flou	blurred/vague	imprudent	careless/rash
formidable	great, fantastic	inattendu	unexpected
fort	strong/stout	incassable	unbreakable
frais/fraîche	fresh/cool	inclus	included
franc/franche	frank	incompétent	incompetent
frisé	curly	inconfortable	uncomfortable
frustrant	frustrating	inconscient	unthinking/unconscious
fumé	smoked		
furieux/-ieuse	furious	incontestable	unquestionable
futé*	clever	incroyable	incredible, unbelievable
gazeux/-euse	fizzy		
gelé	frozen	indépendant	independent
gênant	annoying/awkward/embarrassing	individuel/-elle	individual
		industriel/-ielle	industrial
		inégal	unequal
gêné	embarrassed	inévitable	inevitable
génial	brilliant/great	infect	foul
gentil/gentille	nice, kind	inférieur	lower/smaller/inferior
grand	big/tall		
gras/grasse	fatty/oily	infini	infinite
gratuit	free	inhabité	uninhabited
grave	serious	inhabituel/-elle	unusual
gros/grosse	big/fat	inimaginable	unimaginable
grossier/-ière	rude/crude/rough	innocent	innocent
		innombrable	countless
habile	clever	inoubliable	unforgettable
habituel/-elle	usual	inouï	incredible
haché	minced/chopped	inquiet/-iète	worried, anxious
		inquiétant	worrying
hasardeux/-euse	risky	insuffisant	insufficient/inadequate
hebdomadaire	weekly		
heureux/-euse	happy/lucky, fortunate	insupportable	unbearable
		intelligent	intelligent
honnête	honest	interdit	forbidden
honteux/-euse	disgraceful	intéressant	interesting
humain	human	intéressé	interested
humide	damp/humid	international	international
humoristique	humorous	intime	intimate
imbattable	unbeatable	inutile	pointless
immangeable	inedible	invraisemblable	unlikely/amazing
immédiat	immediate		
immense	huge	isolé	remote/lonely
impair	odd (number)	ivre	drunk
impardonnable	unforgivable	jaloux/-ouse	jealous
impatient	impatient	joli	pretty
impeccable	perfect/spotless		

Quick Reference

joyeux/-euse	happy	montagneux/-euse	mountainous
juste	right/fair	moqueur/-euse	mocking
juteux/-euse	juicy	mou/mol/molle	soft/flabby
lâche	cowardly	moulu	ground
laid	ugly	mouvementé	hectic, eventful
large	wide	muet/muette	silent/speechless
lavable	washable	mûr	ripe
léger/-ère	light/slight	musclé	muscular
lent	slow	musical	musical
libre	free	mystérieux/-ieuse	mysterious
lisible	legible		
lisse	smooth	national	national
lointain	distant	nerveux/-euse	nervous
long/longue	long	net/nette	clear, distinct
louche	suspicious, fishy	neuf/neuve	new
lourd	heavy	nocif/-ive	harmful
luxueux/-euse	luxurious	nombreux/-euse	many
magnifique	splendid	nourrissant	nourishing
maigre	thin	nouveau/nouvelle	new
maladroit	clumsy		
malhonnête	dishonest	nu	naked/bare
malin/maligne	clever/malignant	nuageux/-euse	cloudy
		nuisible	harmful
malsain	unhealthy	nul/nulle*	hopeless, awful
mangeable	edible	obéissant	obedient
marrant*	funny	obligatoire	obligatory
massif/-ive	massive/solid	occupé	busy/engaged/taken
matelassé	padded		
mauvais	bad/wrong	orageux/-euse	stormy
méchant	nasty/vicious	osé	daring
mécontent	dissatisfied	outré	outraged
médical	medical	ouvert	open
méfiant	suspicious	pair	even (number)
même	same	pâle	pale
mensuel/-elle	monthly	pareil/-eille	the same/such
merveilleux/-euse	marvellous	paresseux/-euse	lazy
		parfait	perfect
mesquin	mean, petty	parfumé	perfumed/flavoured
meublé	furnished		
meilleur	better	passionnant	exciting
mieux	better	pénible	difficult, hard
mignon/-onne	sweet, adorable	performant	efficient/high-performance
mince	thin/slim		
miraculeux/-euse	miraculous	permanent	permanent
		petit	small
mixte	mixed	piétonnier/-ière	pedestrian
moche	awful/ugly	piquant	prickly/spicy
moderne	modern	pire	worse/worst
moindre	slightest	plein	full
mondial	world/worldwide	plusieurs	several
		poilu	hairy

Quick Reference

pointu	pointed	sale	dirty
poli	polite	salé	salty/savoury
portable	portable	satisfaisant	satisfying
portatif/-ive	portable	satisfait	satisfied
positif/ive	positive	sauvage	wild
possible	possible	savoureux/-euse	tasty
pourri	rotten	scolaire	school
précieux/-ieuse	precious	sec/sèche	dry
précis	precise	secondaire	secondary
préféré	favourite	semblable	similar
premier/-ière	first	sensé	sensible
pressé	in a hurry/ urgent	sensible	sensitive/ noticeable
primaire	primary	serré	tight/close
privilégié	privileged	seul	only/alone
prochain	next	sévère	severe
proche	near/close	silencieux/-ieuse	silent
profond	deep	sincère	sincere
prometteur/ -euse	promising	sociable	sociable
propre	clean	social	social
provisoire	temporary	soi-disant	so-called
prudent	careful/wise	sombre	dark, gloomy
puissant	powerful	soudain	sudden
pur	pure	soûl	drunk
qualifié	qualified	soulagé	relieved
quelque(s)	some	sourd	deaf
quotidien/-ienne	daily	souterrain	underground
raide	stiff/steep/ straight (hair)	spacieux/-ieuse	spacious
		spécial	special
		splendide	magnificent
raisonnable	sensible/ reasonable	strict	strict
		sucré	sweet
rare	rare	suffisant	sufficient
ravi	delighted	supportable	bearable
recommandé	registered	sûr	sure/safe
reconnaissant	grateful	surprenant	surprising
réel/réelle	real	surpris	surprised
régulier/-ière	regular	sympathique, sympa*	nice
renommé	famous		
rentable	profitable	temporaire	temporary
réservé	reserved	tendre	tender
riche	rich	tendu	tense
ridicule	ridiculous	tentant	tempting
rigolo/rigolote*	funny	terrible	terrible/great
risqué	risky	terrifiant	terrrifying
rouillé	rusty	têtu	stubborn
roux/rousse	red-haired/red (hair)	tiède	(luke)warm
		timide	shy
rusé	crafty/cunning	tordu	bent/crooked
sage	well-behaved, good/wise	traditionnel/-elle	traditional
		tranquille	quiet
sain	healthy	triste	sad

Quick Reference

unique	single/unique/ only (child)	vide	empty
		vieux/vieil/vieille	old
usé	worn	vif/vive	bright/lively
utile	useful	vilain	ugly/naughty
valable	valid	vrai	true
variable	variable	vraisemblable	likely
varié	varied		

Useful adverbs, prepositions, etc.

à	to/at	brillamment	brilliantly
absolument	absolutely	brutalement	brutally/ suddenly/ sharply
activement	actively		
actuellement	currently		
affectueusement	affectionately	calmement	calmly/quietly
afin de faire	so as to do	car	for, because
ailleurs	elsewhere	carrément	downright/ completely
ainsi	thus		
alors	then	cependant	however
amicalement	best wishes	certainement	certainly/most probably
approximative- ment	approximately		
		certes	indeed/ admittedly
après	after		
assez	enough/rather	c'est-à-dire	that is to say
aucunement	in no way	chacun/chacune	each (one)/ everyone
au-delà de	beyond		
au-dessous (de)	below	chez	at/among
au-dessus (de)	above	chut!	hush!
auparavant	previously/ beforehand	ci-contre	opposite
		ci-dessous	below
auprès de	next to	ci-dessus	above
au revoir	goodbye	ci-joint	enclosed
aussitôt	immediately	clairement	clearly
autant	as/so much	combien	how much/ many
autour de	around		
autrefois	in the past	comme	as/like
autrement	otherwise	comment	how/pardon?
autre part	somewhere else	complètement	completely
avant	before	concernant	as regards/ concerning
avec	with		
aveuglément	blindly	consciemment	consciously
beaucoup	a lot/much	considérable- ment	considerably
bien entendu	of course		
bien que	although	constamment	always/ continuously
bien sûr	of course		
bientôt	soon	contrairement à	contrary to
bonjour	hello	contre	against
bonsoir	good evening/ goodnight	cordialement	yours sincerely
		correctement	correctly
brièvement	briefly	couramment	fluently

Quick Reference

dans	in	fréquemment	frequently
davantage	more	froidement	coldly
de	of/from	furieusement	furiously
de bonne heure	early	généralement	generally
décemment	decently	gentiment	kindly
décidément	really	gravement	gravely/
dedans	inside		seriously
définitivement	for good	grièvement	severely/
dehors	outside		seriously
déjà	already	grosso modo	roughly
depuis	since/for/from	guère	hardly/scarcely
dernièrement	lately	heureusement	fortunately
dès que	as soon as	honnêtement	honestly
désormais	from now/then on	hors de	outside/out of
		ici	here
deuxièmement	secondly	il y a	there is/are
différemment	differently	immanquable-	inevitably
difficilement	with difficulty	ment	
directement	directly/straight	immédiatement	immediately
donc	therefore/so	indépendamment	independently
dorénavant	from now/then on	inutilement	pointlessly/in vain
doublement	doubly	jamais	never
doucement	softly/gently	jusqu'à	until
drôlement	really/oddly	justement	precisely
durant	for/during	là	there/here
effectivement	indeed/actually	là-bas	over there
également	also/equally	là-dedans	in there/here
eh bien!	well!	là-dessous	under there/ here
encore	still/again		
enfin	finally/at last	là-dessus	on there/here
énormément	tremendously	là-haut	up there/here
en outre	in addition	largement	largely/widely
ensuite	then	légèrement	gently/slightly
entendu	OK	lentement	slowly
entièrement	entirely	librement	freely/loosely
entre	between	littéralement	literally
entre-temps	meanwhile	loin	far
environ	about	longtemps	(for) a long time
essentiellement	mainly		
et	and	longuement	at length
étroitement	closely	lorsque	when
éventuellement	possibly	maintenant	now
évidemment	of course	mais	but
exactement	exactly	malgré	despite
excepté	except	malheureuse-	unfortunately
extrêmement	extremely	ment	
facilement	easily	méchamment	spitefully, nastily
faussement	falsely	merci!	thanks!
finalement	finally/after all	mi-	half-
forcément	necessarily	mieux	better
formellement	definitely	moins	less
franchement	frankly/firmly		

moitié-moitié	*half-and-half*
naturellement	*naturally*
néanmoins	*nevertheless*
nécessairement	*necessarily*
n'est-ce pas?	*isn't it?, aren't they?, etc.*
nettement	*clearly*
ni ... ni	*neither ... nor*
n'importe	*either/any of them*
n'importe comment	*any old how*
n'importe où	*anywhere*
n'importe quand	*any time*
n'importe qui	*anyone*
n'importe quoi	*anything*
non	*no/not*
normalement	*normally*
notamment	*notably*
nulle part	*nowhere*
or	*and yet*
ou	*or*
où	*where*
ouf!	*phew!*
oui	*yes*
ouvertement	*openly*
par	*by/through*
parce que	*because*
par-derrière	*from the back/ behind*
par-dessous	*underneath*
par-dessus	*over/on top of*
par-devant	*by the front*
parfaitement	*perfectly/ absolutely*
parfois	*sometimes*
parmi	*among*
particulièrement	*particularly*
partout	*everywhere*
pas/ne...pas	*not*
pendant	*for/during*
pendant que	*while*
personne	*nobody*
personnellement	*personally/in person*
peu	*little/not much/ not very*
peut-être	*perhaps, maybe*
pile	*exactly*
pire	*worse*
plus	*more*
plutôt	*rather*

poliment	*politely*
pour	*for*
pourquoi	*why*
pourtant	*though*
pourvu que	*provided/ let's hope...!*
pratiquement	*practically/in practice*
premièrement	*firstly/for a start*
près de	*near*
presque	*almost*
probablement	*probably*
prochainement	*shortly, soon*
profondément	*deeply*
proprement	*purely/really/ decently*
puis	*then*
puisque	*since*
quand	*when*
quand même	*even so*
quant à	*as for/about*
quasi	*almost*
quasiment	*practically*
que	*that/what?*
quelque chose	*something*
quelquefois	*sometimes*
quelque part	*somewhere*
quelques-uns/ unes	*a few*
quelqu'un	*someone*
qu'est-ce qui	*what?*
qui	*who*
quoi	*what*
quoique	*although*
rapidement	*rapidly*
rarement	*rarely*
récemment	*recently*
réellement	*really*
régulièrement	*regularly*
relativement	*relatively*
revoici!/revoilà!	*here's ... again!*
rien	*nothing*
rudement	*roughly/really*
salut!	*hello!/bye!*
sans	*without*
sauf	*except*
selon	*according to/ depending on*
sensiblement	*noticeably/ roughly*
séparément	*separately*
sérieusement	*seriously*

Quick Reference

seulement	only	tout/toute/tous/ toutes	all
si	if/yes		
s'il te/vous plaît	please	tout à/d'un coup	suddenly
simplement	simply	tout à fait	completely, absolutely
sinon	otherwise		
sitôt	as soon as	tout à l'heure	in a little while, later
soigneusement	carefully		
soit!	very well!	tout de même	all the same
soit ... soit	either ... or	tout de suite	straight away
sous	under	toutefois	however
souvent	often	très	very
spécialement	specially	trop	too/too much
subitement	suddenly	TSVP	PTO
suffisamment	enough	uniquement	only
sur	on	vachement*	really
sûrement	most probably/ certainly/ safely	vaguement	vaguely
		vers	towards
		vite	quickly
sur-le-champ	right away	vive ...!	hurray for ...!
surtout	above all	vivement	strongly
tandis que	while/whereas	voici	here is/there is/ here are/there are
tant	much/so much		
tant mieux	so much the better		
		voilà	here is/there is/ here are/there are
tant pis	too bad		
tant que	as long as		
tantôt	sometimes	volontiers	gladly, willingly
tard	late	vraiment	really
tellement	so/so much	vraisemblable- ment	probably
tôt	early		
totalement	totally	y	there
toujours	always	zut	damn

Also available from Oxford University Press

Oxford Take off in French
Language learning course with almost 5 hours of audio
Book and 4 cassettes 0–19–860274–x
Book and 4 CDs 0–19–860298–7
Book only 0–19–860299–5

Oxford Take off in French Dictionary
48,000 words and phrases
0–19–860331–2
(available in the UK only)

Pocket Oxford-Hachette French Dictionary
The ideal dictionary for higher examinations
0–19–860279–0

The Oxford Colour French Dictionary
Colour headwords throughout
0–19–860191–3
0–19–860190–5 (US edition)

The Oxford Starter French Dictionary
Designed for absolute beginners
0–19–860328–2

Oxford French Verbpack
0–19–860338–x

Oxford French Grammar
Clear explanations of modern French usage
0–19–860341–x